ZOUXIANG GANGXING DE
JIANCHA JIANYI
PUER JIANCHA DE SI YU XING

李世清／主编

走向刚性的检察建议

普洱检察的思与行

中国检察出版社

编辑委员会

主　　编　李世清
副 主 编　蒋　平
编　　委　孔　丽　　杨建波　　孔　华　　王　莉
　　　　　黄　燕　　李瑞江　　汪雁南　　李　彬
　　　　　张　浩　　周云红　　黄永从　　罗　华
　　　　　游　泳　　周立新　　甘国华　　李　铁
　　　　　杨应恒　　杨　桃　　杨建超　　王昌昶
编　　辑　许灿梅　　邹俊波
校　　对　李　航　　杨厚钰

目 录

一、导 论

探索建立具有中国特色的检察建议……………………李世清 杨 桃 3

以检察建议助推绿色发展：普洱理念、实践、探索……李 铁 邹俊波 10

边疆地区监督落实"一号检察建议"，促进边疆治理实践探索
——以普洱市检察机关为视角………………………………杨 桃 22

二、精品检察建议书实例

一、做优边疆检察，维护边境安宁和谐……………………………… 29

二、践行绿色检察，促进加强生态环境保护………………………… 49

三、坚持为民司法，依法保障民生民利……………………………… 73

四、依法保障未成年人合法权益……………………………………… 85

五、做强民事检察，促进公正司法…………………………………… 107

六、做实行政检察，促进依法行政…………………………………… 133

七、提升执法办案规范水平，促进严格执法………………………… 154

八、以检察建议方式，积极参与边疆社会治理……………………… 169

九、建议加强基层组织建设，夯实基层基础………………………… 192

一

导 论

探索建立具有中国特色的检察建议

李世清　杨　桃[*]

一、构建检察建议工作新理念

党的十九大明确将"实现国家治理体系和治理能力现代化"作为全面建设社会主义现代化国家的重要内容。社会治理是国家治理体系的重要组成部分。检察建议是检察机关参与社会治理的重要抓手,在推动提升社会治理水平、促进社会治理法治化方面具有十分重要的作用。检察建议要开辟新的天地,迈向新的境界,理念创新须先行,正所谓"理念一新天地宽",理念决定思路,思路决定出路。谈理念离不开司法办案,正如张军检察长指出的,"在办案中监督、在监督中办案",离开办案,监督成一纸空文,对此,应从以下几个方面厘清思路:

（一）确立检察建议工作新理念

新的理念[①]主要有三个方面:一是检察机关的法律监督并非高人一等;二是检察机关的法律监督应追求双赢多赢共赢;三是应将检察机关的法律监督与办案相结合。应当明确,检察机关作为法律监督机关,不是要在地位上超越谁,也不是要追求比其他部门更大的权力,甚至不是要求说话就要算数、就要管用,而是为了与被监督的部门一起,积极促进国家的法治事业发展。需要看到,新形势下提出检察建议是为了促进各部门依照法律规定履职,检察机关发现问题而提出检察建议,旨在解决问题。在办案中监督、在监督中办案,通过"司法办案"发现的相关部门在执法等方面存在问题,才需要通过制发检察建议的方式解决,并不是相关部门产生的所有问题都应纳入检

---

[*] 李世清,云南省普洱市人民检察院党组书记、检察长;杨桃,云南省普洱市人民检察院第九检察部主任。

[①] 王敏远:《检察建议工作面临的新情况与新思路》,载《人民检察》2018年第16期。

察建议关注的范围。

（二）确立监督实效新思维

相比于一定会产生某种效果的刚性监督而言，检察建议确实是一种柔性监督，它重在提出建议，供被建议人参考，但是这种柔性监督并不是检察监督软化的表现，检察建议要以"柔性监督"的方式实现"刚性监督"的效果，超越法律监督"软"和"硬"的观念①。这种认识比原来认为只有依托"刚性"才能实现监督的职责，在认识上是一种进步。在此基础上应进一步思考，超越检察机关法律监督的"刚柔"思维，转为强调效果思维。实践中，应改变检察建议工作中的硬性思维、直线思维，避免以一己之力强行推动检察建议的落实，而是积极寻求有效途径和方法推动检察建议的落实，落实才是检察建议的生命。

（三）探索监督实效新方法

检察建议是一项需要更多投入才能完成的工作，需要研究推进检察建议工作的新方法。从一些地方的探索情况来看，除了制发高质量的检察建议之外，特别引人瞩目的是推行检察建议公开宣告、公开送达，以及争取当地党委、政府、人大、政协等部门对检察建议工作的支持。这种方式贯通了检察监督与其他监督，便于聚焦典型突出问题，更加有利于推动违法情形的整改纠正，督促有关部门积极依法履行职责。

二、检察建议在司法办案中的实证分析

以某市为例，2018年1月至2019年9月，未成年人检察部门共发出检察建议68份，审查逮捕环节发出11份，公诉环节发出57份，占全市刑事案件发出检察建议总数的49.14%，采纳检察建议56件，采纳率为98.25%。从数据来看，总体采纳率较好，但司法实践中仍存在一些问题，主要包括：

（一）检察建议内容"随意化"

检察建议质量是检察建议制度的生命线。2018年12月25日，最高人民检察院专门出台了《人民检察院检察建议工作规定》（以下简称《规定》），对检察建议适用范围、调查办理和督促落实、监督管理作了专门规定。然而在实践中，个别检察人员对检察建议类型界定存在把握不准确。某市2018年1

---

① 汤维建：《以理念机制创新推进检察建设规范化》，载《检察日报》2018年9月17日，第3版。

月至 2019 年 9 月，未成年人检察部门共发出检察建议 68 件，业务办案统计系统显示社会综合治理类 24 件，涉及制度漏洞 7 件，诉讼活动 5 件，其他 32 件。由于其他类型占比高，笔者对 68 件检察建议进行梳理，发现 32 件其他类型检察建议中，大部分为综合治理类，少部分为针对公安机关将成年人和未成年人混同关押而发出的检察建议。有些检察建议书内容不够严谨，没有按照《规定》的 6 个部分撰写文书，对存在的违法情形和建议具体内容及依据的法律、法规和有关文件等规定未做详细说明。

（二）检察建议格式"模板化"

在实践中，一些检察建议书"模板化"问题依然存在，送达到被建议单位之后，也未能引起足够的重视。从调研情况来看，主要存在检察建议书制作及回复"模板化"问题。以 J 县为例，抽查了 2018 年个案检察建议，三个不同类型案件，抢劫、故意伤害、强奸（未遂）案，案件事实及存在的问题不具有普遍性，但发给村委会的检察建议除改变被建议单位外，建议中存在的问题为缺乏有效引导，建议的内容为加强思想教育和警示教育力度。同时，检察建议回复模板化。以 M 县为例，抽查了 2018 年个案检察建议，案件性质分别为贩卖毒品、聚众斗殴、盗窃，被建议对象分别为村委会、学校，但回复除抬头和落款变动外，内容雷同。检察建议"模板化"使其失去了监督的实效，不提具体问题，泛泛而谈，回复空对空，无法解决案件中存在的实际问题。

（三）检察建议跟进"虚化"

根据检察建议回复情况来看，检察机关在日常工作中对检察建议发送后保持跟踪监督的主动性不足，对被建议单位的整改落实情况怠于了解和督促，对违法问题是否实际整改及整改的效果跟踪监督不到位，被建议单位不同程度存在视回复为采纳、视回复为整改的问题，导致检察建议的采纳和落实情况不理想。如 P 县检察院办理涉黑涉恶案件中，针对多起故意伤害、寻衅滋事恶性犯罪案件发生在辖区内两个 KTV 娱乐场所的情况，向文化和旅游部门发出了检察建议，被建议单位整改类似工作总结，对检察机关提出的联合公安等部门对涉案 KTV 进行专项整治没有具体措施，是否建章立制，取得什么样的成效也没有回复，承办检察官对整改效果也没有进一步跟进，结案了事。

（四）检察建议监督效果"弱化"

检察建议应通过具体现象深入到本质，找出制度、机制层面的原因，通过制度性或宏观性检察建议，才能达到"一事解决一片""一案解决类案"，整体提升监督效果的目的。从实践来看，所发出的检察建议类案检察建议极少，

68 件检察建议,类案检察建议仅有 3 件,涉黑涉恶案件发出检察建议 12 份,占所发检察建议的 1/5,但较为突出的校园周边综合治理、KTV 娱乐场所接纳未成年人情况仍得不到有效根治,未成年人犯罪上升趋势没有得到遏制。特别是"一号检察建议"贯彻落实以来,形成合力不够。在凝聚外部合力方面,与纪委监委、公安、教育、司法局、妇联、团委等单位及社会力量的沟通联系不够,未建立起多部门协同配合的工作机制。在形成内部合力方面,部门之间的沟通与配合还有待加强。同时,在重点工作上贯彻落实"一号检察建议"发力不够。2018 年 10 月至 2019 年 9 月,某市未成年人检察部门受理审查起诉强奸、猥亵儿童类刑事案件 55 件,向相关部门发出检察建议 11 件,从落实情况来看,落实整改力度还有待加强,对部分县发生教职工性侵未成年人犯罪案件,未从源头上深入开展建章立制工作。

三、落实检察建议监督实效的路径思考

(一)树立正确的检察建议工作绩效观

按照《云南省州市检察院 2019 年度检察业务工作评价办法》,检察建议已纳入业务工作评价和案件质量评查范围。检察机关应高度重视检察建议工作,切实纠正检察建议是办案附属品、缺乏刚性的认识偏差,改变怠于运用检察建议开展法律监督工作的惯性思维,注重检察建议的质量和监督的精准性,从片面追求数量向认真履职、精准监督的质量要求方向转变。

(二)从思想意识上提高对检察建议工作的重视

目前,整个检察系统自上而下十分重视检察建议工作。最高人民检察院专门出台了文件对检察建议工作进行规范和强调,云南省人民检察院也出台系列相关文件对检察建议工作进行指导,并对检察长亲自办理和亲自送达检察建议工作进行了布署。检察机关应进一步明确检察建议的适用范围、办理程序和文书规范,检察建议落实工作督促落实意见和措施,确保检察建议工作依法规范开展,不能再将检察建议工作看成可有可无的事情,注重提升检察建议落实效果,不断发掘检察建议的法律监督力量,助力社会治理,把检察建议做到刚性、做成刚性。

(三)深化检察建议说理性

无论是何种类型的检察建议,都应加强检察建议的说理深度。这就需要将每一个案件办扎实,在案件中发现问题找出问题。不能局限于个案检察建议,要善于从个案延伸到类案监督,对具体某一类案件提出检察建议,其说理性自

然会增强。此外，要加强对本地案发相关情况的调研，以案说法、以案说理，因地制宜发出检察建议，使之更有说服力，从而提出的建议措施会更有针对性和实效性，对于被建议单位而言，则更有采纳适用的价值和意义。

（四）积极探索检察建议多元化实现方式

当前，检察建议已经成为检察机关履行法律监督职责的重要方式之一。检察机关立足法律监督职能，积极探索检察建议多元化的实现方式，让检察建议这一法治名词深入民心，呈现出越来越强的法律效果。第一，检察机关从自身角度加强检察建议公信力。打铁还需自身硬，检察机关自身要树立检察建议的刚性理念，不断提升检察建议的质量，作为市级检察机关要采取有效措施推动检察建议提升质量。如将重大敏感案件检察建议的签发权授予"一把手"直接执行，开展检察建议"回头看"，采取优秀检察建议评比等活动，从上而下激励检察建议工作积极性。把检察建议督促落实成效作为检察官司法业绩考核的重要内容之一。第二，基层检察机关也要发挥自身能动性，推动检察建议工作纳入地方综治考核。借鉴先进地区做法，将提出将检察建议落实情况纳入地方综治考核指标，使相关单位和人民群众对检察建议这种监督方式更加了解、理解，从而更加乐于接受和支持。

（五）积极构建以检察建议为基础的社会治理共建共治共享体系

检察建议解决的社会治理问题，涉及社会方面面面，检察机关需要与相关部门积极合作，形成合力。可借助系统内外的智力资源，提升检察建议质量，为检察建议发挥社会治理效能提供保障。一是借助党委、人大、相关部门和社会力量。例如，扫黑除恶专项斗争活动中，党中央高度重视综合治理工作，把"治乱"和"基层治理"作为扫黑除恶的治本之策，要求各部门、单位对公检法机关提出的司法建议有回复有落实。因此借助"扫黑除恶"的东风，积极发挥检察建议作用，推进社会治理体系和治理能力规范化。二是加强与相关部门、行业沟通协调，构建协作配合机制。要按照《规定》向被建议单位的上级机关、行政主管部门或者行业自律组织等通报，必要时报告同级党委、人大，通报同级政府、纪检监察机关。三是继续加大对最高人民检察院"一号检察建议"的督促落实力度，会同教育主管部门对中小学、幼儿园落实"一号检察建议"情况进行清单式督导和检查，组织开展专项行动，重点加强对农村中小学、幼儿园以及打工子弟、留守儿童较为集中的中小学、幼儿园预防性侵害工作的督促落实，确保"一号检察建议"在更深层次、更广范围取得实效。

（六）加强对检察建议的理论研究

当前我国检察制度和检察工作面临着转型和挑战，纵观新中国成立70年检察制度的发展历程，只有改革创新，才能不断发展、丰富和完善具有中国特色的社会主义检察制度，才能为中国梦的实现提供更加优质的检察保障。过去我们理解检察权，更多的是从自侦权、批捕权、公诉权等相对"实在"的权力方面去认识，而对于检察建议、纠违通知等相对"虚化"的法律监督方式则关注、重视不够。但从理论上看，可能后者更能直接地体现出法律监督权的本质特征。因为监督不可能是上命下从的关系，也不可能是包办代替行事，而只能是作为第三方、旁观者的角度，提供一种制约与规劝，以防止被监督者实施违法或不适当行为。因此，监督重在把关、限制和劝导、指导，而不在于强制命令。从主动行为的角度看，监督权只能提出建议，如量刑建议而非量刑命令。从被动制约的角度看，监督权应体现为一种否决权、制止权。如不批捕、不起诉、抗诉等。因此，法律监督权既包含事前的建议，也包含事中事后的制止和否决，两方面构成一个有机整体。

四、提升检察建议刚性的具体举措

在新的社会治理体系中，每一种治理手段包括检察法律监督，都不应当也不可能独自完成治理任务，都必须在系统性、整体性、协同性的体系中与其他治理手段共同配合运作，才能达到治理效果，同时实现自身的功能。在此种治理模式下，应遵循平等对话、协商听证、共建、共治、共享、双赢多赢共赢等基本理念参与社会治理。而检察建议与上述理念也是高度契合的。建议即意味着调研、听证、讨论、协商、对话，不强加于人、不硬施于人、不苛求于人，而是一种参与性的、建设性的意见。

如何发展完善检察建议制度呢？笔者认为，可从范围广泛、形式多样、程序规范、实施有效等四个方面去探索发展完善。本文重点谈最后一点：如何使检察建议在实施中更加有力有效，更能发挥出其治理效能；如何防止其流于形式，成为一纸空文。显然，解决的办法就是增强其法律效力与权威性。

司法性质的决定一般有三种形式：判决、裁定、决定。广义的还有解释、规定、决议、批复、指导意见、参考意见、会议纪要等文件形式（笔者认为，属于检察机关有权作出终局性裁决的司法程序性事项，也可以使用裁定书，而非仅由法院专属使用。如复议复核、检察人员回避、申诉复查案件等，均可形成检察机关的裁定书）。根据上述分类，检察建议、纠正违法通知书、检察意见书工作函件等文件形式，则无法归类到具体属于哪一类司法性质的决定之中，这就导致其法律性质与效力不明。

随着检察制度的发展，有两种检察建议已具有了相应的法律效力。一种为行政公益诉讼的诉前检察建议，其以起诉书为强制保障，因而90%以上会得到行政机关采纳履行，这是出于起诉后盾的强制。另一种为量刑建议，控辩审三方任何一方违背已达成认罪认罚具结书的量刑建议，均可能引发上诉和抗诉等法律后果。由于存在后续法律程序的支撑，这两种检察建议可以说是具有法律效力的。

我国检察建议大体可分两大类别：一类是关于是否立案、采取或变更强制措施的决定，此类建议已获得法律确认的效力。另一大类是关于罚没财物、更换办案人、作出政务处分或行政处罚、要求改进社会治理体系与能力等方面的令状。这些内容都有现行法律规定作为依据，只需要再明确一下其强制执行的保障机制即可。

综上，赋予检察建议程序性强制力以保障其执行力，从而发挥治理效能，做成"刚性"，实现双赢多赢共赢，可以充分体现出检察法律监督权的参与性、程序性、协商性、民主性、灵活性，更有利于发挥其作用，也更契合于现代治理体系所要求的系统、整体、协同、共建、共治、共享等价值。

以检察建议助推绿色发展：
普洱理念、实践、探索

李 铁 邹俊波[*]

一、以检察建议方式助推绿色发展理念的提出

普洱地处我国西南边陲，是北回归线上唯一的"绿洲"。"东方多瑙河"澜沧江纵贯全境，14个少数民族世居其中。哀牢山、无量山"两山"绵延近千里，以景迈山为代表的136万多亩古茶山坐落其中。有2个国家级、5个省级、9个县级自然保护区，生物多样性丰富，生态系统完整。2012年，围绕绿色发展、绿色底蕴，普洱市在全国率先提出了"生态立市、绿色发展"的战略目标。2014年，普洱被确定为全国首个绿色经济试验示范区。围绕绿色经济发展，普洱形成了大量实践探索和机制创新。围绕普洱开展绿色检察的探索研究，除样本的可得性等因素以外，还具有如下三个优势：一是普洱具有得天独厚的绿色生态自然环境和保护生态的民族文化底蕴以及绿色发展的战略目标，以检察建议方式助推绿色发展更容易找到实践契合点和发力点；二是作为边疆少数民族地区，普洱地处边疆，地域面积大，发展起点低，贫困人口多，正处在原始自然生态向工业化过渡阶段，在普洱试点经济成本低，试错容错空间大；三是普洱经济社会发展水平总体落后，绿色即是普洱最大的生态宝库。绿色检察不仅能有效加强普洱的绿色保护，促进普洱绿色发展，而且，在普洱开展的实践，可以促进尽早发现问题，总结问题纠偏，在普洱"低地"所试验形成的经验成果，对云南大部乃至广大西南、西北边疆地区更具有示范性推广意义和价值。

2014年10月，普洱市人民检察院被确定为云南省司法体制改革首批试点

---

[*] 李铁，云南省普洱市人民检察院第八检察部主任；邹俊波，云南省普洱市人民检察院第一检察部副主任。

单位,人员分类管理、司法责任制等一系列改革措施开始推进。但是,由于检察官职业保障、检察机关人财物保障等配套措施一时难以到位,加之差不多与此同一时间推进的以审判为中心的诉讼制度改革以及司法规范化改革,在促进司法规范化、程序正当化的同时,也间接导致了司法成本激增,普洱市检察机关案多人少、事多人少压力矛盾日益凸显。① 从 2015 年 11 月开始,为有效化解存在的问题困难,促进检察工作可持续发展,围绕以检察建议方式助推绿色发展,普洱市人民检察院提出了"绿色检察"的发展理念。总体来看,"绿色检察"是指,检察机关在绿色发展理念的指导下,立足检察职能,创新体制机制和工作方式,充分发挥检察建议作用,强化民事行政诉讼监督和提起公益诉讼,积极参与生态环境综合治理,健全绿色检察机构,培养绿色检察专业队伍,助推绿色产业发展,倡导绿色生活方式,保护好普洱的青山绿水,为普洱绿色崛起筑牢司法屏障。绿色检察至少包含如下四重科学内涵:一是"绿色"的职责观。检察官作为公共利益的代表、检察机关作为公共利益的守护者,自觉落实保护绿色生态环境的职责和使命,推动四大检察平衡充分发展,依法保护绿色生态环境,促进形成全面保护绿色生态环境的法治良序。二是"绿色"的发展观。在检察资源投入总量不增加的情况下,通过确立科学考评导向,创新工作机制,优化职能、资源配置,打造专业团队,利用新的信息科技手段和社会力量,促进检察工作绿色可持续发展。三是"绿色"的司法观。检察机关充分尊重司法客观规律,积极创新和改进办案模式方法,严格依法办案,促进生态环境修复、社会矛盾化解,以最小的代价成本和最优化解方案,实现办案法律效果、政治效果和社会效果的有机统一。四是"绿色"的监督观。检察机关充分尊重其他国家机关的主体地位,做到相互监督制约,坚持沟通协调先行,监早督小,容错纠错,促进形成和谐共赢的检察监督关系,共同维护和促进社会公平正义。

二、以检察建议方式助推绿色发展的理念

(一)理念一:从数量向质量、效益、品质要生产力

生产力原本是一个经济学领域的概念,指的是人类创造新财富的能力,反映到司法领域则提供司法服务产品的能力和水平。② 新时代社会主要矛盾的变

---

① 普洱市人民检察院原有干警 115 名,转隶 27 名,现实有干警人数仅 85 名,45 岁以上干警 52 名,占全部干警数的 61.17%,但案件数仅公益诉讼一项年均增加近 500 件。

② 张文显:《法哲学范畴研究》,中国政法大学出版社 2001 年版,第 207—209 页。

化，人民群众对检察产品的需求逐步从过去的"有没有"问题到今天"好不好"的转变。① 然而，从经济学的意义上讲，增加产出，提高质量，必须加大投入。但是，在一定时期和范围内，社会资源的供给将始终处于短缺状态的。② 特别是司法体制改革后，司法办案规范化带来的办案流程烦琐化③，检察资源供求矛盾更加激化。对此，普洱市人民检察院的做法是：

一是破除唯数量的观念。从数量积累型向质量提高型转型发展。将检察办案理念和高质量发展的新时代精神相契合，树立质量效益效果优先的理念，更加注重办案质量和监督效果。如在检察建议工作中，普洱市人民检察院一改过去就一事一人单独发检察建议的机械做法，同类问题或者同类人员只发一份检察建议，有效节约司法资源，并有利于行政机关统一采取整改行动，在切实支持推进依法行政的同时，有效提升了检察监督的公正性、效益性和权威性。

二是倡导"工匠"精神。从粗放型向精细化、个性化办案。提出了既要培养能指挥战斗的"大将"，更要培养一批"工匠"。要有将"冷板凳坐穿"的思想，通过做细做实办案细节，办精品案件，起到了"办理一案、解决一片"的效果。如普洱市检察院通过办理全省首例民事公益诉讼一案，虽然短期内投入较大，但一次性解决了检察机关是公益诉讼人还是民事原告人、司法鉴定费用由谁承担、公益和私益能否同一解决、公益诉讼能否适用调解和解、公益诉讼基金等问题，成为全国公益诉讼十大经典案例之一。检察日报评论员认为，该案达到法律效果与社会效果的有机统一，为完善生态环境资源纠纷多元化解决机制提供了实践样本。④

三是打造专业团队。从分散型向一体化、集约化转变。正视人才力量分散不足的弱点，集中力量，打造精英团队，形成"雁行"优势。集中全市力量，打造了经济犯罪检察、职务犯罪检察、公益诉讼检察等精英团队。组建由24个全国、全省检察业务专家或能手组成的专业研究小组，专门对重大案件开展研讨，出具研究咨询意见。先后办理了一批公安部督办和省院交办的重特大案件。普洱市人民检察院创造了全省公益诉讼的"九个第一"。

四是调整价值目标。坚决防止形式主义无实际效果的"创新"行为，矫

---

① 张军检察长2018年5月在云南省检察院调研时的讲话要点。
② 王平生、陈秋玲：《制度生产力：法治建构的理论视角》，载《改革与战略》2005年第4期。
③ 林喜芬：《认罪认罚从宽制度的地方样本阐释——L、S、H三个区速裁试点规则的体现》，载《东方法学》2017年第4期。
④ 《检察公益诉讼典型案例》，载《检察日报》2018年3月3日，第2版。

正要素配置扭曲，降低制度运行成本。以检察长带头开展案件质量评查为抓手，对案件进行逐案阅卷，现场反馈，全面检查文书、程序是否规范，是否落实了沟通、通报、协商、调解、释法说理等工作。以点带面整改，切实防止和克服孤立办案、机械执法，防止片面强调办案数量，不注重案件质量现象的发生。

（二）理念二：发挥检察机关在诉前程序中的主导作用，让绝大多数案件在诉前程序解决

一是对于绝大多数的公益诉讼案件，在诉前程序中解决。如普洱市检察机关 2016 年到 2019 年办理的 2304 件公益诉讼案件中，1942 件以提出诉前程序检察建议，行政机关纠正违法履职而了结，仅 88 件案件最终进入审判环节。提起公益诉讼总的比例较低，以实践证明该理念的生命力和可行性。

二是对于小部分案件通过诉讼调解和撤诉予以解决。对能够进行检察调解、和解的，不追求判决与执行，不轻易提出民事、行政诉讼抗诉和再审检察建议。如 2016 年以来，普洱市检察机关共调解和解结案公益诉讼案件 25 件。以诉讼和解的方式顺利办理了全省检察机关首例环境民事公益诉讼案件。

三是对于其中占比最小的重点案件，影响大、危害大或者疑难复杂案件，则不仅要坚决起诉、审判、执行，有的还要通过继续延伸监督链条，提起抗诉，或者引入党纪政纪处理、刑事责任追究等手段最终解决。通过加强与纪委监委的协调联系，建立完善协作机制，将在开展办案中发现的涉嫌职务犯罪或其他刑事犯罪以及违法案件线索，移送纪委监委、公安机关及相关行政执法机关。对涉嫌违纪的，专门提出检察建议，建议纪委监委启动问责程序，创新推出纪委监委派员参与检察建议"回头看"的工作机制，推动形成环环相扣、层层递进的监督链条，形成合力，凸显震慑。

（三）理念三：协商、互动、容错纠错

协商、互动的根源在于兼听则明，促进合力形成，实践同样也证实了，传统单向度的司法办案工作，越来越难以满足和适应多元社会背景下的多变检察工作情势和多元利益表达。只有坚持进行互动沟通协调，才能真正促进司法共识的形成和问题的解决。正如博登海默指出的，正义是法的内在生命力，正义存在于社会有机体各个部分间的和谐关系之中。①

---

① ［美］博登海默：《法理学——法理哲学与法理方法》，邓正来译，中国政法大学出版社 1999 年版，第 253 页。

一是更加注重加强行政执法、刑事司法的沟通互动。加强与林业、国土、森林公安、人民法院的协商配合，召开执法联席会、调研座谈会，共同研究办理环境资源案件遇到的具体程序、证据调取及法律文书适用等问题，交流完善环境资源管理制度机制上的漏洞，建立信息共享、线索移送、提前介入引导侦查等配合协作机制，形成法治合力。2016年以来，普洱市检察机关共召开执法联席会、调研座谈会25次，提出检察建议167件，得到行政执法机关、侦查机关有效回函率为100%。检察机关还参与对市级行政部门依法行政工作的考评评分。

二是建立检察监督情况通报制度。通报分为两类，第一类针对工作中发现的执行不当、审判程序违法等问题，向人民法院通报；第二类针对公益诉讼相关领域的问题，向行政机关、企事业单位及有关当事人发送通报。通报后，检察机关通过组织听证、论证、联席会议等形式开展跟进监督。通报落实效果不佳时，还可以向上一级行政机关、主管部门报告，也可以向党委、人大报告，请求组织调动各方面力量进行综合性整改整治。

三是提倡人性化办案。践行双赢多赢共赢的办案理念。对于发现的河道乱扔垃圾、农村垃圾处理不规范等问题，主动与行政机关会谈通报，分析原因、寻找对策、统一认识，共同采取专项治理行动或者制定中、远期解决规划。做到以人为本、因地制宜、和谐司法，实现"诉前能调解、诉后能执行、案后能发展"。

四是建立容错纠错机制。充分尊重行政综合治理主体地位，坚持检察建议先行，综合治理为主，刑事手段为后盾。对事实清楚、证据充分，行政执法机关主动认错纠错的，可不发出检察建议，不启动诉前程序，不提起诉讼。对涉嫌严重违法犯罪，又不能正确认识自身的过错责任，或者不积极采取纠错行动，造成公益损失无法挽回，或者造成损失扩大，或者拒不配合案件调查处理的，检察机关将依法提起公益诉讼；对涉嫌贪污贿赂、渎职侵权等犯罪的，依法将问题线索移送纪检监察机关；对涉嫌司法工作人员涉嫌损害司法公正渎职犯罪的，依法予以立案处理。普洱市人民检察院检察委员会讨论通过了《普洱市人民检察院关于办理公益诉讼案件建立容错纠错机制的指导意见》，在实践中相关的理念与操作方式已得到应用。

（四）理念四：回应、恢复、法理情交融

在开放性的社会中，任何一个司法机关都面临着回应社会发展与司法工作自身稳定性、滞后性的矛盾。正如劳东燕教授指出的，法律是在社会之中运行，同时社会又是法律调控的对象。社会的变迁势必会对法律的发展提出新的要求；反过来，法律层面的变化也必然直接或间接反映的是社会变迁所带来的影响。① 绿色检察的提出，正是因应了不断发展的社会对检察工作提出的要求。

一是积极回应绿色发展要求。主动围绕党委政府中心开展工作。加强对破坏环境资源犯罪的打击力度，积极参与景迈山申遗工作，全面参与河湖长制工作，结合"扫黑除恶"专项工作，认真落实"一案一建议"工作制度，彻查存在的黑恶势力及背后保护伞，坚决严惩，逐一打击，推动社会综合治理。

二是坚持民生标准。积极回应人民群众对民生领域保护的关切，增强服务民生补短板和均衡发展的意识。把民行检察和公益诉讼工作与服务民生发展和社会和谐稳定有机结合起来，在落实好以人民为中心的司法理念的同时也补齐公益诉讼工作的短板，实现协调、均衡发展。与此同时，在这个过程中，更加优化公民参与，社会调查的过程，促进人民群众的广泛参与，科学民主决策。

三是探索开展生态修复补偿工作。全面贯彻宽严相济刑事司法政策，对于破坏生态环境资源犯罪危害后果严重、情节恶劣的，从严惩处；对于危害后果较轻、积极修复生态环境，确有悔罪表现的，或者初犯、偶犯，从宽处理。探索建立"生态修复基地"，不断完善"专业化法律监督＋社会化综合治理＋恢复性司法实践"的"三位一体"的绿色检察模式。

四是深化检察建议工作，积极参与社会综合治理。探索将检察建议细分为"综合性诉前检察建议""综合性行政检察监督检察建议"和"具体事项检察建议"三种形式的工作机制。检察建议与检察办案紧密结合，在发出检察建议之前借助检察办案手段进行调查核实，加强检察建议文书写作，探索公开宣告送达等方式保障检察建议执行力，确保建议有理有据、有方法、有措施，易于操作，便于执行。

三、以检察建议方式助推绿色发展的实践样本：运行、实效

（一）样本一："千家寨"野生茶树群落保护

镇沅"千家寨"位于普洱市东北部的镇沅县九甲乡和平村原始森林，区内分布着在上万亩国家二级保护珍贵树种野生茶树群落，共占地面积28000多亩，胸径6厘米以上的有495000株，其中有代表性是树龄为2700年，高25.6米，胸径0.89米的"野生茶王树"，是迄今发现的世界最大最古老的野生茶树。野生茶树群落的存在为保护茶叶物种遗传基因多样性，研究茶叶起源，有

---

① 劳东燕：《风险社会与功能主义的刑法立法观》，载《法学评论》2017年第6期。

着重要的科研价值、景观价值、文化价值和产业提升价值。由于野茶市场的不断升温,近年来出现了不合理采摘野茶叶,甚至出现从保护区内移栽野生茶树的现象,大面积的野生茶树群落遭到破坏。野生茶树作为普洱自然资源保护的"伞物种",合理利用和有效保护野生茶树资源,对于保护各种野生动植物资源,保护原始森林生态有着重要作用。

镇沅县检察院受理案件后,结合边疆地区客观实际,提出了"综合治理、协商量刑、互动预防"的恢复性司法理念。检察官依法告知犯罪嫌疑人,对主动恢复生态,减少和挽回损害结果的,可以予以酌情从轻处罚,正向引导犯罪嫌疑人积极恢复植被后,将相关案件信息移交林业部门,由林业部门派员勘验,制定恢复方案,督促引导嫌疑人开展恢复措施。对于已经恢复的植被,由林业部门派员现场勘验查看后,根据实际情况出具相应的书面证明,侦查机关附卷随案移送检察机关审查起诉。检察机关审查起诉后,依法向人民法院提出了适用缓刑的量刑建议,人民法院采纳了检察机关的量刑建议。检察官深入案发村落,结合案件办理开展法治宣传,向村民说清非法采挖野生茶树行为的危害性和保护野生茶树的重要性。通过检察官以案释法,宣传教育,其他犯罪嫌疑人受到教育,纷纷主动自首,自愿担当野生茶树的义务看管员。

2015年6月,哀牢山国家级自然保护区景东花山芦山辖区内也发生了移栽野生茶树的案件。以村组干部领头,100余人组织,300余株野生古茶树被非法移栽。由于涉案人数众多,不少群众认为"法不责众",根本没有认识到自身行为的严重性、危害性。景东县检察院受理案件后,经审查发现案件性质特别恶劣,非严格依法办理不能产生惩治、教育和保护作用。依法对公安机关提请逮捕的19名嫌疑人予以批准逮捕,追捕追诉8名嫌疑人,并联合景东县人民法院,到案发地开庭审理,检察官以案释法,法庭当庭宣判,在判处实刑的同时,对所有被告人附加了补植复绿责任,有效震慑了其他潜在犯罪者。判决生效后,经景东县检察院、法院、森林公安等部门共同商议,并经专家评估后,决定将野生茶树移栽至景东县锦屏镇黄草坝。300余株野生茶树从哀牢山"迁移"到无量山。2019年5月6日,几家单位联合到黄草坝对野生茶树的成活率进行"回头看",经过两年多的环境适应,野生茶树成活率70%以上,成活的野生茶树长势良好,案发地没有再发生野生茶树移栽事件。

(二)样本二:百里长湖公益行之澜沧江

澜沧江源出青海省唐古拉山,源头海拔5200米,长度4909千米,是世界第六长河,亚洲第三长河,东南亚第一长河。糯扎渡水库是澜沧江上最大的库区,全国第三大水库,水面面积48万亩,蓄水库容237亿立方米,干流长215公里,库岸线长1842公里,周边3个省级自然保护。澜沧江作为国际河流，具有独特的、唯一的水质和生态环境及高峡出平湖等组合的世界级资源。由于水库深达一百余米，静水不流动，一旦受污染，污染物质下沉至库底，要数百年才能置换净化完毕，一旦受到污染极难恢复。然而，近年来，由于非法养殖、非法捕捞、非法采砂等违法问题突出，澜沧江水资源和生态资源日益遭到严重破坏。2000年，科学家发现，原本可供人直接饮用的澜沧江江水水质已发生了变化，呈明显的弱酸性。2015年8月20日，经对澜沧江干流右岸段网箱养殖集中区域的水质进行了取样检测，检测结果为V类水质，水质明显恶化。

为保护澜沧江生态环境，从2018年2月开始，普洱市检察机关开展了糯扎渡库区生态环境和资源保护"百里长湖公益行之澜沧江"专项活动。对库区非法网箱养殖、非法采砂、乱砍乱伐、污水排放等进行检察监督。对存在的非法采砂、非法网箱养鱼等情况及时发出检察建议督促整改。为督促行政机关依法充分全面履职，检察建议点到点、便理解、可执行。普洱市检察机关以"一行为一案"的监督方式督促行政机关履职。所发出的638件检察建议，把相关行政执法单位的职责及履职的法律依据进行充分详细的说明，帮助辖区各行政执法单位厘清思路，明确责任。发出检察建议后，各单位依法、有序开展专项整治工作。目前，共拆除网箱391个、抬网946个、迷魂阵15个、拦江网59个、地笼网121个、过江网绳2条、其他捕捞渔具423个，有效地推动了糯扎渡库区综合治理。在糯扎渡库区，沿湖老百姓停止了网箱养鱼，停止经营钓鱼农家乐等生态旅游项目，治理行动取得了良好效果。2019年初，普洱市人民检察院联合有关部门开展了检察建议落实情况"回头看"行动，并邀请市纪委监委派人参加，进一步督促整治。

（三）样本三：景迈古茶山文化遗产

景迈古茶山位于云南省澜沧拉祜族自治县惠民乡境内。东邻西双版纳勐海县，西邻缅甸，处在西双版纳、普洱与缅甸的交界处，迄今已经有一千八百多年的历史，整个茶园总面积达2.8万亩，是目前世界上保存最完好、年代最久远、面积最大的人工栽培型古茶园，被誉为"茶树自然博物馆"和古茶活化石园。2012年9月，普洱景迈山古茶林被联合国粮农组织公布为全球重要农业遗产（GIAHS）保护试点。2012年11月，普洱景迈山古茶林入选《中国世界文化遗产预备名单》。景迈山古茶园基于尊重自然资源、可持续发展的古茶园生态系统，整体景观融入了天然森林、古茶园景观与现代台地茶景观，形成了传统民居与自然山林和谐共存，布朗族、傣族、哈尼族、佤族等各族人民和谐共生，达到了自然和谐、天人和谐、民族和谐的天人合一境界。近年来，由于普洱古茶价格连年上涨，景迈山茶农经济条件日益宽裕，其改善居住、生产生活条件的意愿愈来愈强烈。在古茶园区的国有、省级公益林内推挖地基、私搭乱建、擅自改变林地用途的现象日益突出，生态环境遭到破坏。

2016年6月，澜沧县检察院进入景迈山古茶园对被毁坏的林地进行实地察看，发现被擅自改变用途的林地虽经公安机关行政处罚，但仍未恢复原状。2016年10月8日，澜沧县检察院向澜沧县森林公安局发出检察建议，但澜沧县森林公安局仅对部分作出了回复，未引起足够重视。2017年3月，澜沧县检察院以澜沧县森林公安局为被告提起了行政公益诉讼。与此同时，检察机关与澜沧县委政府、森林公安局进行充分沟通，阐明检察机关办理公益诉讼案件，促进景迈山生态保护，促进执法部门依法行政的重要意义，得到了澜沧县委政府和森林公安局的肯定。澜沧县委专门召开县委常委会，研究景迈山古茶园私搭乱建整改方案。在案件开庭时，澜沧县委政法委还牵头组织县级21家行政机关70余人旁听庭审，起到了良好的法治宣传教育效果，有力推动了景迈山古茶资源保护和景迈山古茶林申报世界文化遗产工作。

（四）样本四："两山"国家级自然保护区巡回检察室

景东彝族自治县位于云南省西南部，普洱市西北部。境内有无量山、哀牢山两个国家级自然保护区。被世界自然基金会确认为具有全球保护意义的A级自然保护区，是地球同纬度带上生物资源最为丰富的自然综合体，在不到万分之一的国土面积上保留了占全国1/3的物种，堪称"天然物种基因库"。保护区内生息的黑冠长臂猿群为世界所仅有。普洱市人民检察院李世清检察长在调研景东检察工作时，曾感叹景东山水资源的丰富，脱口而作："沧江舞袖舒天际，无量泼墨书峻奇。"如何调动有限的检察资源，全面保护"两山"生态环境和物种多样性，成为摆在景东县检察院面前的重大课题。

2018年5月，最高人民检察院决定在全国8省区开展"巡回检察"试点。借助"巡回检察"理念，2018年8月、2019年4月景东县检察院分别设立了哀牢山国家级自然保护区巡回检察室和无量山国家级自然保护区巡回检察室，检察官借助巡回检察室平台，定期、不定期地到巡回检察室工作，进行调查核实，法治宣传，公益诉讼线索受理等工作。先后联合保护区景东管护局、森林公安等开展了野生古茶树保护、黑冠长臂猿等专项保护工作，建议管护局对无量山、哀牢山国家级自然保护区耕地面积、权属、功能区、开垦历史、区内人均耕地收入等信息进行了全面摸排调查。与管护局签订《关于加强国家级自然保护区生态环境保护协作机制》，加强日常联络和信息沟通，重大案件提前介入引导调查取证，共同总结惩治生态环境犯罪和资源保护工作，形成了共建、共治、共享治理格局，为"两山"生态环境保驾护航。

四、以检察建议方式助推绿色发展的探索

(一) 发展思考

实践表明,绿色检察并不是对传统检察的颠覆,更非是对西方法学理论的简单套用,是在传统检察的发展基础上,广泛吸取传统哲学理念和新兴前沿法学理论,在新时代,检察机关面对外部环境深刻调整、内部格局深刻变革等问题挑战下,就如何更好地立足客观实际,有效回应和满足社会需求,服务地方发展,有效协调好保护和发展、历史与未来、内部与外部之间等各项矛盾,就提升检察机关惩治犯罪能力,提升检察监督质量和效果,保障人权,维护司法公正,就中国特色社会主义检察制度如何创新发展,走向更加成熟定型等方面所作出的探索、努力和思考。

第一,绿色检察是和谐之道。绿色检察是"人与自然和谐"传统哲学文化要求,融入检察价值和方法论体系,形成普洱检察工作新要求。绿色检察的和谐,首要在于理念价值本身的和谐与包容。绿色检察不妄断任何一种客观存在价值的对与错,主张正确地看待任何一种事物存在的合理性,客观尊重每一项诉讼活动,每一个诉讼主体,每一项诉讼权利存在的价值、客观规律及其所代表的利益的合理性,并对其平等对待、包容和整合,对其中有益的部分积极地吸收、汲取和支持,对其中无害或方向性质不明的部分,给予最大限度的包容,对其中的工作探索创新失误,给予最大限度的容错纠错和改正的机会,对严重侵犯其他主体正当权益的恶劣行为,坚决予以制止。除此之外,绿色检察还充分注意检察内外部关系的和谐协调。充分认识到任何事物之间,相互联系、相互作用、相互依存,都是归于统一的整体。检察机关作为法律监督机关,绝非是高高在上。检察机关与被监督者虽然职能、性质不一,但目标方向是一致的,都是为了维护司法正义,都是为了增加社会总体福利。在工作中,更加注意沟通协调,更加注重发挥检察机关的能动作用,全面加强诉前把关,加强调解、和解等,将绝大多数问题和风险化解在检察环节,以双赢多赢共赢为价值追求,促进不同主体在法治的轨道上和谐共处规范有序运行,进而促进社会总体和谐。

第二,绿色检察是均衡之道。绿色检察是中国本土经验和文化对现代检察机关客观公正义务的本土化诠释和再发展。绿色检察的均衡,在于要求检察官在日常司法办案工作中,既不消极保守滞后,漠视各种侦查瑕疵、违法,违法侵犯辩护人和当事人合法权益,司法保护人民群众安居乐业能力手段不足等问题而无所作为,自命为法官之后的法官;也不过于极端,僭越侦查机关、行政

机关乃至审判机关的职责范围，随意插手执法程序，干预行政执法和侦查活动，影响正常法治秩序的运行。检察官是司法公正的卫士，监督纠正一切确有错误的司法行为和司法结论，对司法工作人员侵犯公民权利损害司法公正的职务犯罪进行侦查。检察官是法律程序的广泛参与者，广泛参与立法、司法、行政等各种程序，既发挥支持配合保障作用，保障辩护人和当事人的正当权益行使，又起到限制制衡权力的作用，控制权力的滥用。

第三，绿色检察是可持续发展之道。绿色检察兼容并蓄，却又并行不悖，根源在于其可持续的方法论。在实施过程中，绿色检察不考虑绩效考核等因素，不考虑在短期内过于追求数据的华丽和规模宏大，坚决防止形式超越实质，更强调自力更新，矛盾问题就地化解，不上交，通过自身的调整优化，促进和产生新的生产力要素，带动自身服务能力和水平的提升。绿色检察是一种内敛的、由内至外、由个体至整体的和谐发展，更强调检察机关通过自在自为的努力，促进自身绿色可持续发展，进而促进社会正义以及整体可持续发展的过程。绿色检察要求检察官始终坚持辩证统一的思想，坚持短期利益和长期利益兼顾，当下、历史和未来、现实兼顾，在全面保护生态环境的同时，眼光向下，充分考虑到边疆地区老百姓生存和发展权，不能简单否定边疆地区发展的客观需求，在开展检察监督时，更加注重互动沟通，注重生态环境的恢复，致力于社会关系的修复，致力于推动经济社会发展，在客观理性之中，又多了绿色智慧光芒，权利保障的人本主义和人文关怀。

（二）改革完善

经过不懈努力，普洱绿色检察探索不断深入拓展。但同时也存在一些问题，需要继续加强：

1. 加强实践经验总结。对于"绿色检察"，普洱市检察机关虽然起步早、探索多，实践经验和成果丰富，在本省、本市范围内有着较高知晓度和美誉度，得到了省人大、市委、市政府以及上级院的充分肯定。但是总体来看，在总结和宣传方面着力较小，未能正确认识形式和实质的辩证关系，经验总结和宣传的层次和水平不够，特别是对绿色检察实践探索背后的规律和内蕴价值意义总结较少，没有形成在全国范围内叫得响、高层次的经验。

2. 全面深化理论研究。作为一种从实践探索中自然勃发的司法实践，普洱市检察机关虽然很早就认识到了人与自然和谐发展思想、司法能动主义和恢复性司法、回应型司法与绿色检察的契合之处。但是，总体来看，仍处于实践探索多、理论研究少，未能及时向上向外拓展思维，用现代法学理论来诠释、充实和发展绿色检察理论，在一定程度上影响了绿色检察的系统化、体系化深入研究和推广应用。如对于普洱市检察机关在"绿色检察"理念指导下，开展集"调查、协商、诉讼、治理"为一体的检察建议参与社会综合治理工作,陈兴良教授给予了充分肯定。

3. 全面拓展工作领域,把"巡回检察、河(湖)长制、检察建议"三个工作方法发挥到极致。从目前的情况来看,绿色检察的探索主要是围绕公益诉讼检察生态环境保护领域和破坏环境资源保护刑事案件领域而展开和延伸。一是探索的领域不全不广,民事、行政检察领域仍有待加强;二是探索的领域不深不透,特别是刑事检察领域,主要局限于审查起诉案件中,对于审查逮捕、刑事执行等领域的探索有待加强;三是如何运用检察建议等监督手段广泛参与社会治理仍需努力探索。

4. 绿色生态环境的保护有待进一步深入。人民群众生态保护意识仍较为薄弱。破坏环境资源保护犯罪禁而不绝,行政主管部门监督管理制度落实不到位的现象依然存在。如2018年度,普洱市检察机关起诉破坏环境资源保护的刑事犯罪198人,占起诉刑事犯罪人数的7.5%。

5. 检察机关参与生态环境治理的法治保障有待加强。总体来看,检察机关调查手段较少,无配套保障措施,行政机关拒不配合检察机关调查核实的,检察机关缺乏有效制裁手段,在一定程度上造成了检察机关办理涉行政机关公益诉讼案件线索、证据收集的困难。

6. 生态环境治理保护合力有待形成。生态环境保护,需要各相关部门分工协作、共同发力,但是检察机关与行政机关、人民法院、监察机关、社会组织等的沟通协作仍有不足,行政执法与刑事司法衔接平台作用有待充分发挥,公益诉讼制度需进一步丰富和完善,破坏生态环境案件背后职务犯罪案件办理工作衔接及线索"双向"移送工作机制需建立健全,检察机关在法律咨询、证据收集等方面需相关部门提供专业支持和帮助。

边疆地区监督落实"一号检察建议"，促进边疆治理实践探索
——以普洱市检察机关为视角

杨 桃[*]

2019年10月，张军检察长到云南省文山州富宁县调研时指出："落实一号检察建议还有很多细致工作要做，要以高度负责的态度没完没了地抓下去。"普洱市两级检察机关高度重视，紧紧围绕"细致、高度负责、没完没了"这三个关键词谋篇布局，从强化法律监督职能、参与和创新社会治理、服务社会稳定大局的角度去监督落实"一号检察建议"，积极作为，持续跟进，上下联动，横向整合，通过联合督查把监督落实"一号检察建议"推向深入，取得了阶段性成效。

一、做细调研，为监督落实"一号检察建议"找准方向

监督落实"一号检察建议"，摸清全市各地性侵案件底数。一是针对性侵案件高发地区深入调研。2018年以来，澜沧县境内性侵案件高发，4月初普洱市检察院组成工作专班，深入案发地，联合当地党委政府、公安、教育、关工委、校方对辖区内性侵案件进行专题研讨、分析座谈、把脉问症，探寻发案原因和规律。澜沧县是全市唯一的拉祜族自治县，早婚早育、性教育缺失等问题较为突出，调研结束后撰写了《普洱市人民检察院关于澜沧县境内性侵未成年人案件调研报告》呈报给市委主要领导，引起了高度关注，市委卢副书记专门指派教育部门牵头成立专家组开展联合调查组，整个调查检察机关全程参与，把推动落实"一号检察建议"贯穿始终，下沉澜沧多个乡镇十多所学校开展禁毒防艾、防性侵问卷调查，形成《澜沧县未成年人性行为调研报告》，

---

[*] 杨桃，云南省普洱市人民检察院第九检察部主任。

为党委政府主导抓"一号检察建议"落实奠定了基础。二是对全市性侵案件分析研判。为增进社会进一步关注和认识未成年人受性侵的现实严峻性,防止更多的未成年人受到不法侵害,普洱市院对全市两级检察机关2016年至2019年5月办理的性侵未成年人案件进行统计分析,涉及强奸、猥亵儿童、强制猥亵案件百余件,重点锁定发案排前三的地区和发生过教职工性侵案件地区,深入实地,与教育部门、校方共同开展调研分析并形成调研报告,成为后续推动落实"一号检察建议"重要参数。普洱市检察院党组高度重视"一号检察建议"监督落实工作,作为"一把手"工程来抓,检察长李世清多次在党组会上强调,要按照高检院张军检察长的要求,"没完没了"抓好"一号检察建议"的监督落实,要盯紧案件高发地区,盯死与"一号检察建议"相关的典型案件,抓落实,促整改。

二、立足办案,为监督落实"一号检察建议"搭建平台

为监督落实"一号检察建议",全市两级检察机关秉承"在办案中监督、在监督中办案"的理念。一是对性侵未成年人案件打击"零容忍"。"快捕快诉"与"三同步"相结合,2018年1月到2019年10月逮捕强奸、猥亵儿童的犯罪嫌疑人52人,起诉强奸、猥亵儿童的被告71人,所有性侵案件均要求基层院"三同步"报市检察院审查,防止处理不当,引发网络舆情。作为一把手,李世清检察长十分重视未检工作,他经常强调"案件质量就是生命线",要关爱未成年人,关注性侵案,他先后十多次到基层院对性侵案件开展案件质量评查,对其中两起案件判决是否适当、有没有对被害人延伸保护作了重要批示,基层院立行立改,撰写了整改报告,通过走访学校、家长,向校发出检察建议等方式对被害人加大保护力度。办理重大敏感案件过程中普洱市检察机关注重请示汇报,尤其是未成年人涉黑涉恶案件专题向政法委报告,如思茅区院办理的蒋某等12名未成年人在思茅区为非作歹进行猥亵儿童、盗窃、抢劫等犯罪一案,专题向政法专题汇报,提出预防性侵害多项措施,推动政法委联合普洱市检察院在内的8家单位迅速出台了《关于进一步做好预防青少年违法犯罪的通知》,为下一步未成年人法治教育基地和观护教育基地建设起到了助推作用。二是加大抗诉力度,对被性侵未成年人加强司法保护,普洱市检察院共支持抗诉3件性侵未成年人案件,均获法院改判,如办理的陈某某强奸案,陈某某利用熟人关系多次强奸智障儿童,导致其怀孕的后果,根据《关于依法惩治性侵未成年人犯罪的意见》规定,属于"对精神发育迟滞的未成年人实施强奸的、多次实施强奸的、造成未成年人被害人怀孕等后果的,更

要依法从重从严惩处"情形，最终法院采纳了检察机关的意见，二审法院将判处被告人有期徒刑3年、缓刑5年改为有期徒刑6年。此类案件办理为"严惩"类似案件提供了明确指引，取得较好办案效果。三是在党委政府领导下搭建未成年人司法保护平台，推动"一号检察建议"落实。2019年5月，普洱市检察院牵头召开全市未成年人司法保护和落实"一号检察建议"座谈会，14家单位共商未成年人保护，为合力保护未成年人、贯彻落实"一号检察建议"凝聚了共识，形成了定期联席会议长效机制。

三、建立机制，让监督落实"一号检察建议"形成合力

普洱市检察机关通过前期调查，发现校园性侵事件仍有发生，特别是发生过教职工性侵案件的学校要从源头上堵漏建制，普洱市检察机关检教联合、检校联合开展监督落实"一号检察建议"工作。一是率先出台防性侵工作方案。2019年5月20日，普洱市检察院与市教育体育局联合出台《普洱市关于落实最高人民检察院"一号检察建议"预防校园性侵工作方案》（以下简称《方案》），《方案》成立了以李世清检察长为组长、市教育体育局局长为副组长的工作组，推行检察机关、教育行政部门、学校"三四五"工作方案，即检察机关法治进校园、担任法治副校长、严厉打击犯罪"三大责任"，教育行政主管部门开展师德师风、督导检查、教职工准入、防性侵协同机制构建"四项监管"，学校具体落实校园安全"五项任务"。二是以"法治进校园""法治副校长"为载体，加大防性侵宣传力度。与市教育体育局联合下发《普洱市人民检察院 普洱市教育体育局关于在"法治进校园""法治副校长"工作中加强联系配合的实施意见》，制定《普洱市人民检察关于检察官担任法治副校长工作实施办法（试行）》，新编印了《致家长的一封信》《守护青春 护航成长》《扫黄打非 护苗2019》等宣传册19.7万余册，目前，全市法治副校长推进"一号检察建议"落实、"法治进校园"常态化工作机制已形成，法治副校长聘任工作全市覆盖，十一家办案单位均由"一把手"担任法治副校长，目前共有30名检察长、副检察长担任法治副校长，16名未检检察官担任法治辅导员，共开展防性侵法治宣传讲座七十余场次。

四、联合督查，把监督落实"一号检察建议"推向深入

联合督查是监督落实"一号检察建议"走向深入的重要抓手，重在发现问题，推动整改。2019年11月中旬至12月9日，普洱市检察院联合政法委、

教育行政部门、公安机关、市场监督管理部门，组成考评组下沉到全市九县一区开展监督落实"一号检察建议"联合督查专项行动。本次专项行动共对全市74所中小学校、幼儿园进行了校园安全检查，发现安全管理隐患问题229个，针对校园安全共性问题共向各地教育行政主管部门、学校发出检察建议7件。督查过程中发现教职工性侵未成年学生案件1件，已依法启动立案监督程序，发现在校学生被性侵案件1件，已提前介入。

一是精心部署。按照《文山州检察院贯彻落实"一号检察建议"工作自检自查情况报告》及王光辉检察长指示精神，李世清检察长第一时间对贯彻落实好"一号检察建议"向分管教育的副市长作了汇报，并召开党组会专题传达，要求各基层院把贯彻落实"一号检察建议"作为"一把手"工程抓实抓细，立即与教育部门联合入校督查，推动整改，同时要求：要查办一批案件，要发一批检察建议，要建立互通协作机制，要及时总结经验上报。

二是共同推进。在前期与教育部门密切配合的基础上，对如何开展专项行动再次无缝对接，结合前期联合下发的《普洱市关于落实最高人民检察院"一号检察建议"预防校园性侵工作方案》，2019年11月20日，检教联合迅速出台《普洱市关于开展落实最高人民检察院"一号检察建议"联合督查的工作方案》，明确责任、细化措施。11月28日，检教共同召开全市监督落实"一号检察建议"工作推进会，确保专项行动内容及"一号检察建议"精神宣传到各级检察机关、教育行政部门，各地各校，为联合督查专项行动起到有效助力作用。

三是深度融合。如何入校开展联合督查，经过前期推进和会商，市教体局决定将"一号检察建议"落实纳入"平安校园"考核，市教体局牵头联合发布了《2019年普洱市"平安校园"创建工作考评的通知》，确定组成考评组联合政法委、公安、市场监督管理部门，共同对申报市级"平安校园"创建的学校，检察机关办案中涉及的风险级别较高的学校开展联合督查。考察组通过听取汇报、现场检查、周边走访、查看台账、现场反馈的形式，对学校存在的校园安全风险和"一号检察建议"落实情况进行了深度排查。此次排查重点做好了三个方面的工作：其一是"借力"，督查能不能发现问题，完全看专业水平，本次督查普洱市公安局治安支队派了一名专业技术骨干，从进校门第一道防线到人防、物防、技防是否到位，女生宿舍是否封闭管理，围墙是否达标都仔细地检查，共性问题为学校大门第一道防线有严重安全隐患，安保不足，登记不完善，学生随意出入，围墙没有实体防护，不能用栅栏，实体防护后最好再加上刀刺网等，这些都是公安安保专业知识，通过借助专业力量，有效提升了校园安全检查发现问题的能力。其二是要放大"优点"，从督查中发现，有些学校落实"一号检察建议"有思想、措施实。比如普义中学、墨江县一小设置"一号检察建议"宣传专栏，这些好经验做法，检察机关与教育局达成共识，在全市各校作为经验推广。其三是切入"痛点"，学校最大的痛就是学生发生校园安全事故，人身伤害、溺水、被性侵等，检察官结合具体案例，对校内存在的墙体防护缺失，出入校门登记不规范，教职工管理不严等问题提出了建议，他们在保护隐私的前提下以案释法，把"一号检察建议"和防性侵讲深讲透，校方对督查组提出的问题照单全收，成效明显。

四是强化监督。发现问题、督促整改、整改到位、监督就有了刚性。普洱市检察机关主要通过以下举措做实做细监督工作：其一是联合督查必备"三表"。"平安校园"考核情况表、"一号检察建议"落实考核表、安全检查"反馈表"。其二是把发生过教职工性侵的学校作为重点督查对象，当地党委政府领导到场参加反馈会。其三是检察机关司法办案中发过检察建议，整改不力的学校纳入重点督查对象。其四是通过座谈走访，注重性侵案件线索收集，延伸监督。其五是督查结束后对各校发现的问题列出问题清单，与教育行政部门联合发文，对标对表督促整改。其六是督查结束后已针对共性问题向教育部门发出加强综合治理的检察建议，检察建议统一由市检察院把关，从市级层面建议教育行政部门对发生过校园性侵的学校实行"平安校园"考核和德育工作"一票否决"。

习近平总书记强调"孩子们成长的更好，是我们最大的心愿"，贯彻落实好"一号检察建议"，是检察机关助推"平安校园"建设，护航未成年人健康成长最庄严的承诺。下一步，普洱市检察机关将进一步联合相关部门协调配合，监督整改，共同推动"一号检察建议"贯彻落实、落地生根。

精品检察建议书实例

一、做优边疆检察，维护边境安宁和谐

> 检察建议书亮点：从个案办理中延伸边境管理共性问题，多措并举加强边境管控。

孟连傣族拉祜族佤族自治县人民检察院
检察建议书

孟检刑检建〔2019〕××号

孟连县公安局：

　　我院在办理你局移送审查批准逮捕的犯罪嫌疑人熊某某等7人涉嫌绑架，组织、领导、参加黑社会性质组织一案中，经审查发现仍有多名犯罪嫌疑人和被害人是通过偷越国（边）境的方式非法出入境。

　　一、类似犯罪的社会危害性

　　本案中，虽然该犯罪团伙成立的时间较短，但犯罪嫌疑人熊某某等人将我国公民诱骗出境后，对被害人进行非法控制，并利用边境线作为屏障，在被害人基本无法寻求有效保护的情况下，有恃无恐，为所欲为，以恐吓、威胁、酷刑等极度卑劣的手段残害被害人，进而迫使被害人家属交付财物。整个犯罪过程中没有念及丝毫的同胞之情，杀人如麻，令人发指。被诱骗出境的我国公民，轻则倾家荡产，重则家破人亡。此等暴行严重危害了我国公民的人身和财产权利，严重扰乱了我国国（边）境的正常管理秩序，严重影响了人民群众的安全感、幸福感，给边境地区安全稳定带来了极大隐患，甚至可能损害我国的国际声誉和对外形象。

二、类似案件的查处现状及其打击困境

孟连,毗邻世界毒源"金三角",并直接与缅甸掸邦第二特区(佤邦)接壤,133.39 公里的边境线均无天然屏障,便道、渡口多。近 5 年来,全市检察机关共受理刑事案件 20976 件 29523 人,我院共受理刑事案件 2126 件 3136 人,受理的案件数量占全市受案数的 10% 左右。其中,我院受理的妨害国(边)境管理、走私以及毒品三类案件共 1219 件 1882 人,分别占本院受案数的 57% 和 60%,毒品类案件占全市检察机关受案数的 16% 和 21%,而偷越、组织运送他人偷越国(边)境等妨害国(边)境管理秩序类的案件,约占全市检察机关类案比的 29% 和 35%。孟连特殊的地理区位和历史人文环境,致使涉及边境类的案件频发、高发。2014 年至 2018 年,孟连县公安机关仅违反国(边)境管理方面就查处刑事、行政案件 8064 件 8134 人。这些案件普遍以行政拘留、罚款处理,占查处案件数量的 99.8% 和 99.5%,作为刑事立案予以严厉打击的仅 2‰ 和 4.5‰,大量的不法分子非法潜入潜出,跨境违法犯罪呈不断上升趋势。

近来,我院办理的曾某某、熊某某等黑恶犯罪团伙长期盘踞在境外,试图以国境线作为屏障在境外"开辟"法外之地逃避我国法律打击。屡次利用边境线管控漏洞疯狂实施偷越、组织运送他人偷越国(边)境等犯罪,数次将我国公民诱骗出境作为人质,实施勒索财物、胁迫带毒等犯罪活动,造成了多起国民客死他乡的严重后果,极度残暴的犯罪手段更是骇人听闻!然而,因缅甸掸邦第二特区(佤邦)在政治层面的特殊性,当前仅能以民间形式就个案进行相应的交涉。这种非官方交往导致了双方的司法协作缺乏长期性、稳定性和可靠性,加之对相关犯罪仅就我国进行单边打击,致使打击效果总体不佳,且在作案手段上不断升级。对于深挖境外的"保护伞"问题,在县级司法层面更是力所不及。长此以往,相关危害有增无减。

三、综合治理防范的紧迫性以及相关建议

类似犯罪严重威胁我边疆地区安全稳定,甚至可能给国内外犯罪分子包括敌特间谍分子非法出入我国国(边)境,进行犯罪活动或逃避法律制裁可乘之机。当前,正是扫黑除恶专项斗争向纵深推进的关键之年。在严厉打击相关犯罪的同时,进一步巩固和加强源头治理刻不容缓。根据习近平总书记关于"治国必先治边"的重要战略思想,认真落实好中央关于扫黑除恶专项斗争工作的相关要求,切实加强边境地区综合治理,从源头上挤压黑恶势力滋生土壤,有效遏制类似犯罪给国家、集体或公民人身、财产等带来重大损失,确保

边境地区安全稳定,全面提升人民群众安全感、满意度。为此,我院对你局提出如下建议:

1. 进一步巩固和发挥技防功效。加强对相关情报信息的分析、研判工作,有效预防和减少我国公民遭遇类似迫害。例如,你局在该案的办理过程中,通过网络侦查手段,将 5 名欲前往缅甸佤邦的被害人成功堵截于境内途中。

2. 进一步加强教育宣传,强化群防群治实效。群众的理解和积极参与是群防工作的社会基础,以发放宣传资料、召开群众大会、爱国主义教育等措施,加大对接壤村组的基层组织、边民,机场、车站、通道、出租车司机等相关人员的教育宣传,强化边疆人民的爱国情怀和社会安全防范意识。

3. 进一步健全行之有效的边境管理激励机制,充分发动群众的参与度,依法奖励和保护好相关的举报人,以确保形成管边治边长效机制,有效遏制非法出入境、走私等违法犯罪势头。

4. 建议发布检举揭发该犯罪团伙违法犯罪线索的通告。一方面,有利于更完整地核实相关被害人情况、收集相关犯罪证据;另一方面,通告本身具有教育宣传效应,向社会告知的同时,可以警示相关潜在人员。

5. 进一步对关联案件中重点人群进行深入摸排。例如,针对本案中的"黑车"司机、偷渡"蛇头"等组织运送他人偷越国(边)境的情况进行梳理,通过情报、技侦等工作,加大对该部分人群的重点管控。若梳理出相关涉案证据,请及时组织实施抓捕。再如,从目前我院受理的案件情况看,毒品犯罪案件占 60% 左右,且毒品犯罪多为有组织犯罪,但至今尚未发现涉黑涉恶毒品犯罪案件,建议加大对走私毒品等犯罪中涉黑涉恶犯罪的甄别力度。

6. 进一步发挥纵横向联动协作优势,加强边境社会治理。通过对关联的案件进行梳理,发现大量人员是通过勐啊辖区内陇海寨子后山,以及芒信 200 号、201 号界桩附近的便道偷渡出入境,而活体牛则主要是通过芒允、打哈两个渡口走私入境。针对以上偷渡、走私频繁的便道、渡口,建议协同海关、打私办、解放军、道路交通运输管理等职能部门进行联合集中整治。针对芒允小组集体涉嫌走私活体牛的情况,建议区分主次关系分化治之,对于大多数边民群众,当与脱贫攻坚挂钩单位沟通,积极争取相关扶贫政策支持,从谋求正当合法的致富之路进行引导,防止抱团对抗激发群体性事件。

7. 进一步加强国际司法协作,加大联合打击跨境黑恶势力犯罪。在过来的司法实践中,涉及佤邦地方的司法协作缅甸官方往往束手无策,无能为力,反而影响与佤邦地区间的磋商效果。为此,结合缅甸掸邦第二特区(佤邦)

处于高度自治的实际，建议向上级请示，争取外交施压，对相关犯罪团伙进行相应的清理、整顿，对境外的"保护伞"采取必要的手段。

针对以上问题，请贵局在接到本检察建议后及时进行落实整改，并将整改的情况以及相应措施于 30 日内书面函告我院。

孟连傣族拉祜族佤族自治县人民检察院

2019 年 5 月 10 日

> 检察建议书亮点：加大对非法出入境人员管控力度，严厉打击组织他人偷越国边境犯罪行为。

云南省普洱市人民检察院
检察建议书

普检建〔2019〕××号

普洱市公安局：

  我院在办理犯罪嫌疑人曾某某等9人涉嫌绑架罪、组织他人偷越国（边）境罪、组织、领导、参加黑社会性质组织罪一案中，经审查发现本案犯罪嫌疑人以境外缅甸（佤邦）勐波县为犯罪地点，跨境进行黑社会性质犯罪活动，涉案多名犯罪嫌疑人及被害人均是通过偷越国（边）境的方式非法出入境，反映出你局在边境管控、综合治理工作方面存在一定的漏洞。因此，为落实中央关于扫黑除恶专项斗争相关工作要求，加强综合治理，清除黑恶势力滋生土壤，有效防止类似犯罪给国家、集体或公民人身财产等带来重大损失，全面提升人民群众安全感、满意度，我院对你局提出如下建议：

  （一）建议你局在今后边境管理过程中严格按照《云南省边境管理条例》的相关规定，加强对非法出入境人员管控力度，严厉打击偷越国边境及组织他人偷越国边境的行为，尽量减少和杜绝偷越国边境情况的发生。

  （二）建议进一步加强打击跨境涉黑恶犯罪的力度。从历年受理的案件情况看，涉外犯罪案件所占比例呈逐年上升趋势，涉外犯罪多为有组织犯罪，目前对涉黑性质的毒品犯罪案件的查处尚未取得零的突破，建议加强对此类犯罪的打击力度。

  （三）建议进一步加强对边境区域的巡查力度，强化边境地区治安综合治理工作，建立军警民联防、区域联防、群众联防机制和信息共享平台，开展群防群治，严厉打击跨境涉"黄、赌、毒"违法犯罪活动。

  （四）建议进一步建立健全边境管控、综合治理方面的举报奖励机制，并依法保护好举报人的合法权利。

（五）建议严格执行《中华人民共和国云南省普洱市公安局与缅甸掸邦第二特区司法工作委员会第十二次边境执法合作会谈纪要》内容，坚决打击跨境赌博等违法犯罪活动，全力维护边境地区的社会治安稳定。进一步加大边境管控力度，最大限度地防止中国公民非法出境参赌。敦促缅方采取有力措施，强化赌场行为约束，坚决遏制引诱中国公民非法出境参赌的违法行为，全面杜绝因赌博引起的非法拘禁、绑架和伤害中国公民案件的发生，共同维护边境安宁稳定。

（六）建议加强边境地区治安管控。加大对边境地区公民的法律法规宣传教育，严厉打击非法出入境活动，共同防止两国公民非法进入对方境内非法居留、非法务工、跨国流窜作案。加大与缅甸警方的司法合作力度，建议缅方全力配合我国正在开展的扫黑除恶专项斗争工作，让缅方加大对辖区暂住人员的清查管控力度，对清查中发现的中方非法出入境人员，及时控制并移交中方审查处理。

请你局针对上述情况予以整改并将相关整改情况在 1 个月内函告我院。

云南省普洱市人民检察院
2019 年 3 月 25 日

> 检察建议书亮点：加强出入境便道监管，严打跨境涉黑涉恶犯罪案件。

云南省普洱市人民检察院
检察建议书

普检建〔2019〕××号

普洱市边境管理支队：

我院在办理犯罪嫌疑人张某、谭某某、欧某某、曹某某、李某、肖某某、吴某某、张某某、金某、何某涉嫌绑架罪；组织、领导、参加黑社会性质组织罪；组织偷越国（边）境罪一案中发现，涉案的多名犯罪嫌疑人和被害人是通过孟连县200号界桩旁便道非法偷越国（边）境的。上述情况反映出孟连县边境管理部门在监督管理方面存在问题，具体表现为：

1. 对出入境便道监管不到位。本案中涉案的多名犯罪嫌疑人和被害人是通过孟连县200号界桩旁便道非法偷越国（边）境的，犯罪嫌疑人张某、欧某某等人在境外组织人员将被害人从该便道偷渡出境进行绑架，勒索钱财，严重地侵害了公民的人身权利和社会稳定和谐。

2. 对一些边民主要通道和便道口，没有通告牌子，加以警示。本案中的被害人先后多次长期从200号界桩旁便道非法偷越国（边）境的，该便道由于长期没有被发现，充分反映出边境管控人员监管不力，失之监管。

针对上述问题，特提出如下建议：

1. 加强组织领导，依法严厉打击。落实领导责任制，高度重视跨境涉黑涉恶犯罪案件，依法严厉打击。

2. 加强对边境便道的监控管理。在一些边民主要通道设置警示牌，宣传教育专栏，加以警示、教育。

3. 提高监管人员责任意识。对边境监管特别是对一些便道的监管不能松懈，要提高警惕，强化工作责任感，以确保边境安全。

4. 加强与有关部门的沟通协调，完善工作机制，建立由党委政府牵头组织，各相关职能部门共同参与的联席会议制度，定期不定期地通报边境监管情况。

5. 加强区域流动人口、出租屋和各类宾馆、饭店、企业用工的管理。对流动人口进行严格监管，对违反规定的个人和非法用工企业按照相关规定进行处罚。

6. 加强法制宣传教育，充分利用报纸、广播、电视、网络等媒体进行广泛宣传，公布举报电话，对线索提供者给予奖励。充分发动群众参与打击的积极性，进一步加大对偷越国（边）境罪的打击力度，提升人民群众安全感、满意度，切实维护国家安全和边境和谐稳定。

根据《人民检察院检察建议工作规定》，为了加强创新社会管理机制，我院结合执法办案工作，特向你单位提出检察建议。上述建议请贵支队给予重视，认真研究，采取必要措施加以整治，并请将整治情况书面及时反馈我院。

云南省普洱市人民检察院
2019 年 3 月 29 日

> 检察建议书亮点：构建党政军警民五位一体的边境管理联防机制，维护边境治安秩序。

江城哈尼族彝族自治县人民检察院检察建议书

江检侦监建〔2019〕××号

江城县公安局：

　　近日，我院在审查逮捕犯罪嫌疑人杨某某涉嫌运送他人偷越国（边）境和走私普通货物、物品罪一案时，发现犯罪嫌疑人杨某某带着王某某在中老边界非法出入境，为杨某某走私货物的4名老挝籍人员穿越中老边境往返3次，严重侵害了国家对出入国（边）境的管理制度。结合之前办理的胡某某等6人偷越国（边）境案、郭某某运送他人偷越国（边）境案，反映出你局在边境监管方面存在监管不到位、执法力度不够等问题，如：杨某某涉嫌运送他人偷越国（边）境、走私普通货物、物品一案发生后，案件承办人到现场进行了查看，发现现场边境隔离网有以下问题：（1）犯罪嫌疑人偷渡或走私通过的隔离网破损了有一个长3—4米的口子，可同时容多人或承载大物进出。看现场情况，该隔离网破损已有多时，隔离网失去了其应有的意义；（2）未破损的隔离网有两种类型，一种是用直径约4—5mm的钢筋筑成，较牢固，但该类型的隔离网较少，另一种是用4根带铁刺的铁丝形成的隔离网，每根铁丝可不同程度的上下移动，较瘦小的人可通过两根铁丝间的空隙穿越。大部分的隔离网是第二种类型，可防性能弱；（3）在该隔离网两侧（老挝一侧和中国一侧）均已形成一个较宽敞的路面，说明平时经常有人从该便道偷渡出入境。

　　国（边）境是出入国家的门户，为了维护国家主权、安全和社会管理秩序，根据《中华人民共和国人民检察院组织法》第21条之规定，以及《云南省边境管理条例》相关规定，特向你局提出如下建议：

　　一、加强教育，扩大宣传。江城作为典型的边境城市，边境线长、地形复杂，无天然屏障，戍边任务繁重，困难大，主管部门要惩防并举，重在预防，要广泛深入地开展边境管理的宣传教育活动，通过广播、发传单、上门宣讲等方式，大力宣传边境管控工作对维护社会稳定，促进经济发展的重要意义，切实提升边民的防范意识和责任意识，使边境管控工作更加深入人心。

二、联手互动，切实发挥党政军警民五位一体的联防机制和信息共享机制，推行社区（村）网格化服务，强化责任体系，凝聚治边合力，开展群防群治，预防、制止、惩治违法犯罪活动。要充分利用好"技防、物防、人防"的管控方式，在加强科技设备投入的同时，要进一步加大边境一线基础设施建设力度，提升整体管控能力和质量。

三、加强辖区内的治安工作，推行社区警务，落实工作责任制，开展经常性的治安检查，强化通道管控，堵塞管理漏洞，消除治安隐患，严密防范、严厉打击涉恐、涉毒等边境地区跨界违法犯罪活动。

四、建立和加强边境管理的举报奖励制度，并依法保护举报人。

以上建议，请认真研究解决，并将落实情况两个月内书面告知我院。

江城哈尼族彝族自治县人民检察院
2019年4月10日

> 检察建议书亮点：加强边境巡逻和边境管控，严厉打击涉恐、涉毒等边境跨界违法犯罪活动。

孟连傣族拉祜族佤族自治县人民检察院检察建议书

孟检刑检建〔2019〕××号

孟连县公安局边境管理大队：

  我院在办理孟连县公安局移送审查起诉的犯罪嫌疑人曾某某、薛某某、陈某某等3人涉嫌绑架，组织、领导、参加黑社会性质组织一案中，经审查发现有多名犯罪嫌疑人和被害人是通过偷越国（边）境的方式非法出入境。

  "2018.7.15"专案属公安部督办的"7.05"专项行动列案。犯罪嫌疑人曾某某、薛某某、陈某某等人非法拘禁他人进行勒索财物的行为，严重危害了公民的人身权利和社会和谐，属于重大跨国跨境涉黑性质犯罪。当前正是扫黑除恶专项斗争向纵深推进的关键之年，孟连边境线长且无天然屏障，其特殊的地理区位和历史人文环境，给社会治安带来较大压力，新形势下多种风险叠加决定了涉黑涉恶犯罪易发多发。为落实中央关于扫黑除恶专项斗争相关工作要求，加强综合治理，清除黑恶势力滋生土壤，有效防止类似犯罪给国家、集体或公民人身财产等带来重大损失，全面提升人民群众安全感、满意度，我院对你队提出如下建议：

  1.本案案发地发生在境外，尚有部分犯罪嫌疑人未抓获，为有效防止涉案的外国人或者中国公民借出境之机逃避司法机关追究法律责任。建议进一步加强对出入境人员的身份审查，联合抓捕未到案的相关犯罪嫌疑人。

  2.建议进一步加强打击跨境涉黑涉恶犯罪力度。孟连特殊的区位特点决定了跨境的涉黑涉恶犯罪易发多发，但从目前我院受理的案件情况看，毒品犯罪案件占60%左右，且毒品犯罪多为有组织犯罪，但至今未发现涉黑涉恶毒品犯罪案件，对走私毒品犯罪中涉黑涉恶犯罪的甄别力度需要加大。

3. 建议进一步加强辖区内的治安工作，推行社区警务，落实工作责任制，开展经常性的治安检查，消除治安隐患，严密防范、严厉打击涉恐、涉毒等边境地区跨界违法犯罪活动。

4. 建议进一步加强边境线的巡查力度，加强边境地区治安综合治理，建立军警民联防、区域联防、群众联防机制和信息共享平台，开展群防群治，预防、制止、惩治违法犯罪活动。

5. 建议进一步健全边境管理的举报奖励制度，并依法保护举报人。

针对上述情况请你队予以整改并将相关整改情况在1个月内函告我院。

孟连傣族拉祜族佤族自治县人民检察院
2019年3月27日

> 检察建议书亮点：加强边境管控政策法规宣传教育力度，加强边境地区治安综合治理。

西盟佤族自治县人民检察院
检察建议书

西检建〔2019〕××号

西盟县公安局：

　　我院在办理你局提请批准逮捕的犯罪嫌疑人张某某、李某某、谭某某、欧某某、曹某某等10人涉嫌绑架，组织、参加黑社会性质组织，组织他人偷越国（边）境的案件中发现，案件中的犯罪嫌疑人、被害人均是通过被他人接送到中缅甸边境后，在他人的带领下，在没有办理合法有效出、入境手续的情况之下，以走边境小路的方式非法出境到缅甸第二特区佤邦勐平。犯罪嫌疑人在缅甸境外通过境内外勾结，在网上发布"无抵押贷款""高薪工作"等虚假信息，将中国公民诱骗到缅甸境外实施绑架，受害人交付赎金之后，犯罪嫌疑人又将部分受害人运送到中缅边境偷渡入境。案件的发生，给人民的人身、财产安全造成了严重损失，给边境安宁和谐造成了严重损害。犯罪分子多次发布虚假信息，多次诱骗中国公民非法出境后实施绑架，反映出公安机关在网络安全管理、边境管理中存在着监管不到位、执法力度不够、监管缺失等问题。

　　为了保障人民群众的人身财产安全，加强边境管理，保持边境地区安全稳定，促进边境地区对外开放和经济社会发展，现根据《中华人民共和国人民检察院组织法》第21条之规定，以及《云南省边境管理条例》相关规定，特向你局提出如下建议：

　　一、加大边境管理政策法规宣传教育力度。广泛、深入、细致地开展"边境管理政策法规学习"活动，把临界生产作业人员、有越界前科人员、社会闲散人员和外来流动人员作为重点对象，反复进行教育，让他们不受利益驱动，协助犯罪分子运送他人偷越国（边）境。向人民群众讲清维护边境稳定的必要性，讲清遵界守法的重要性，进一步增强边境管理职能部门的政策法规观念和职能意识，强化边民群众的国界观念和守法意识，筑牢边境管理工作的思想根基。

二、加强网络领域安全管理和宣传，对疑似虚假信息发出预警，提高人民群众对虚假信息的甄别能力，谨防上当受骗。

三、加强边境地区治安综合治理，建立军警民联防、区域联防、群众联防机制和信息共享平台，推行社区（村）网格化服务管理。强化责任体系，凝聚治边合力。开展群防群治，预防、制止、惩治违法犯罪活动。

四、加强辖区内的治安工作，推行社区警务，落实工作责任制，开展经常性的治安检查，强化通道管控，堵塞管理漏洞，消除治安隐患，严密防范、严厉打击涉恐、涉毒等边境地区跨界违法犯罪活动。

五、建立和加强边境管理的举报奖励制度，并依法保护举报人。

针对以上建议，请你局认真研究，并将落实情况及时以书面形式告知我院。

西盟佤族自治县人民检察院

2019 年 3 月 31 日

> 检察建议书亮点：加大跨国犯罪打击力度，依法保护我国公民在外合法权益。

孟连傣族拉祜族佤族自治县人民检察院
检察建议书

孟检侦监建〔2019〕××号

孟连县公安局：

　　我院在办理范某某等6人涉黑恶势力犯罪案件中，发现你局对孟连县出入境管理、监管不到位，存在执法力度不够、监管缺失等问题。

　　我院认为你局作为孟连县边境出入管理的管理部门，未严格按照《云南省边境管理条例》管理中国公民出境入境、外国人入境出境、交通运输工具出境入境以及进出边境地区的边防检查；未结合任务管理界河治安，开展界河水上巡逻；防范和打击边境地区跨界违法犯罪活动中监管、履职未到位。

　　当前正处在扫黑除恶专项斗争向纵深推进的关键时期，为落实中共中央关于扫黑除恶专项斗争相关工作要求，切实加强综合治理，清除黑恶势力滋生土壤，保护中国公民在境外不受境外黑恶势力团伙犯罪分子的欺负，全面提升中国公民在境外的安全感、幸福感，根据《中华人民共和国人民检察院组织法》第21条之规定，特向你单位提出如下建议：

　　本案犯罪嫌疑人范某某等6人在境外以勒索财物为目的绑架中国公民的行为，属黑恶势力团伙跨国跨境犯罪，反映出境外犯罪团伙内外勾结以"贷款""高薪工作""赌博套利"等借口把中国公民欺骗到境外后实施非法拘禁、绑架、敲诈勒索、故意伤害、组织他人偷越国（边）境等犯罪行为，并胁迫被害人走私、运输、贩卖毒品等犯罪，严重的危害中国公民的人身安全，为坚决打击境外黑恶势力犯罪团伙，保护中国公民在境外的合法权益不受侵犯，全面提升中国公民在境外的安全感、幸福感，绝不允许境外黑恶势力犯罪团伙残害中国公民的案件发生，必须采取高压的严打措施，严惩境外团伙犯罪分子。建议公安机关加强边境管理，保持边境地区安全稳定，帮助促进边境地区对外开放和经济社会发展，加快面向南亚东南亚辐射中心建设，依法管理、出境入境管理、进出边境地区管理以及保障服务。

　　以上建议，请研究解决，并加强同我院联系，望 3 个月将落实情况函告我院。

孟连傣族拉祜族佤族自治县人民检察院
2019 年 3 月 29 日

检察建议书亮点：依法打击跨境走私，清除黑恶势力滋生土壤。

云南省普洱市
孟连傣族拉祜族佤族自治县人民检察院
检察建议书

孟检刑检建〔2019〕××号

孟连县公安局：

我院在办理你局于2019年4月26日提请批准逮捕的犯罪嫌疑人杨某某等5人涉嫌走私国家禁止、进出口货物、物品罪；2019年5月24日提请批准逮捕的犯罪嫌疑人岩共等2人涉嫌走私国家禁止、进出口货物、物品罪两案中，发现孟连县边境走私犯罪猖獗，在孟连县边境至县城一带已形成走私犯罪成熟产业链，走私犯罪分子从缅甸购买牛，通过边民从中缅界河"过牛"到中国勐啊，后将牛运输到勐啊边境开办的牛场集中，走私犯罪分子再以蚂蚁搬家方式将走私的牛运输到孟连县城城郊开办的养牛场，饲养一段时间，通过畜牧部门对牛上耳标后，上市交易，卖到全国各地。孟连县勐啊村芒允组、回江组在组长等基层领导的组织指挥下村中绝大数男子都参与了中缅界河的"过牛"，参与人数高达一百多人，参与时间长达数年，"过牛"数量有时一天高达几百头，上述案件暴露出孟连县边境管控失控，走私犯罪猖獗，边境管控存在重大问题，经审查上述案件，发现你局监管辖区内监管不到位、执法力度不够、监管缺失等问题。

我院认为你局作为边境管控部门，未能依照《边境管理规定》等相关规定，对辖区内边境进行有效管控。

当前正是扫黑除恶专项斗争向纵深推进的关键之年，为落实中央关于扫黑除恶专项斗争相关工作要求，加强综合治理，清除黑恶势力滋生土壤，有效进行边境管控，打击走私犯罪，全面提升人民群众安全感、满意度，根据《中华人民共和国人民检察院组织法》第 21 条之规定，特向你单位提出如下建议：

1. 进一步加强法治教育宣传，强化群防群治实效。群众的理解和积极参与是群防工作的社会基础，以发放宣传资料、召开群众大会，加强对基层组织人员、边民、货车司机等相关人员的教育宣传。

2. 进一步健全行之有效的边境管理激励机制，充分调动群众的参与度，依法奖励和保护好相关的举报人，以确保形成管边治边长效机制，有效遏制非法出入境、走私等违法犯罪势头。

3. 加强基层组织领导者的管理教育，从办理的两起案件中发现走私犯罪分子利用芒允、回江组领导在群众中威望，组织指挥能力，积极联系组领导组织群众帮助其走私牛，造成恶劣的社会影响，加大打击走私犯罪的难度，因此应加强边境基层组织领导者的管理教育工作。

4. 对参与走私活动的群众查明参与程度，分别对其处于相应的处罚，在对参与群众处罚的同时，加大教育宣传的力度，维护边疆稳定。

5. 进一步加强区域合作协作，加大联合打击跨境走私犯罪的力度，结合缅甸掸邦第二特区处于高度自治的实际，建议向上级请示，争取外交施压，对相关犯罪团伙进行相应的清理、整顿，对跨境走私犯罪采取必要的手段。

以上建议，请研究解决，并加强同我院联系，望 3 个月将落实情况函告我院。

孟连傣族拉祜族佤族自治县人民检察院
2019 年 5 月 31 日

> 检察建议书亮点：严格执行实名邮寄制度，严防快递物流运输毒品。

澜沧拉祜族自治县人民检察院
检察建议书

澜检一部建〔2019〕××号

澜沧拉祜族自治县邮政业发展中心：

澜沧县公安局于2019年5月7日依法向本院移送审查逮捕的犯罪嫌疑人周某某涉嫌运输毒品罪一案，经本院审查后于2019年5月14日依法作出证据不足不予批准逮捕的决定。在审查逮捕过程中，发现案件反映出如下问题：

本案毒品为在澜沧县建国酒店旁边的百世快递店寄出的2个快递中查获（单号：51475533908955、51475531908756，寄件人：刘某某，电话：13780348188，收件人：周某某，电话：17680348518）。经查，该快递实际寄件人为犯罪嫌疑人周某某，刘某某为虚假身份信息。

2018年10月22日，中华人民共和国交通运输部门公布实施的《邮件快件实名收寄管理办法》第3条规定，快递企业应当执行实名收寄，在收寄快件时要求寄件人出示有效身份证件，对身份进行查验。第15条规定，寄递企业收寄快件时，发现寄件人在寄递详情单上填写的寄件人姓名与出示的有效身份证不一致的，不得收寄快件。但本案反映出，澜沧百世快递公司并未严格执行该规定，未认真查验寄件人填写的寄件信息是否与出示的身份证一致即让犯罪嫌疑人周某某寄件。此类行为增加了办案部门查找涉案人员的难度，不利于打击利用物流快递实施的违法犯罪活动。根据《邮件快件实名收寄管理办法》第17条之规定，邮政管理部门应当对寄递企业执行实名收寄情况实施监督管理，现根据该规定，特向你单位提出如下建议：

一、严格依照《邮件快件实名收寄管理办法》的规定加强对寄递企业实名寄递的监督管理，并定期或者不定期对相关企业进行抽查。

二、对违反《邮件快件实名收寄管理办法》第 18 条、第 19 条、第 20 条的寄递企业进行处罚并公示，并在相关的业务管理大会上宣布或者向相关寄递企业进行惩戒通报以督促相关企业遵守国家法律规定。

依据《人民检察院组织法》第 4 条、第 21 条，《人民检察院检察建议工作规定》第 5 条的规定，请你单位在收到检察建议书后 1 个月之内将具体落实情况函复本院。

澜沧拉祜族自治县人民检察院
2019 年 6 月 16 日

二、践行绿色检察，促进加强生态环境保护

检察建议书亮点：推动河长制落实，推进思茅河污染综合治理。

云南省普洱市人民检察院
检察建议书

普检行公〔2019〕××号

普洱市思茅区人民政府：

本院在履职中发现，你单位对辖区内思茅河流域管理存在不依法履职的情形。本院依法进行了调查。现查明：

思茅河及8条支流贯穿普洱市中心城区，具有防汛除涝、水资源配置和生态景观等诸多综合功能。但长期以来，思茅河流域长期存在弃置垃圾、生活污水、农业面源污染等问题，导致思茅河长期达不到Ⅳ类水质目标。特别是2019年5月，国家生态环境部抽查，发现思茅河流域3个河段存在疑似黑臭水体。思茅河水环境、水生态遭受破坏，国家利益和社会公共利益受到侵害。

上述事实有：现场调查照片、视频资料、调查笔录、《普洱市水污染防治目标责任书》《思茅河水污染防治工作方案》《思茅河水污染防治工作方案主要任务分解表》《思茅河水污染综合治理2019年度目标任务责任书》等证据证实。

本院认为，思茅河作为普洱市中心城区唯一一条贯穿南北连接"五湖九河"的河流，其污染状态得不到有效整治，不但影响周边生态景观、人居环境，而且制约中心城区涉水重大项目建设，影响普洱长远发展。根据《中华人民共和国水污染防治法》第4条第2款、第5条、第52条的规定，你单位作为地方人民政府，对本行政区域的水环境质量负责，应当及时采取措施防治

水污染。针对思茅河流域存在的污染问题，应当分级分段组织领导区域内水域岸线管理、水污染防治、水环境治理等工作；统筹规划建设农村污水、垃圾处理设施，并保障其正常运行。思茅河水环境综合治理工作领导小组与思茅区人民政府签订的《思茅河水环境综合治理2019年度目标任务责任书》亦明确了由你单位牵头负责的包括农业面源污染整治在内的十一项目标任务，对你单位在思茅河水环境综合治理工作中的职责作了科学系统的安排部署。为了更好地推进思茅河污染综合治理工作，现根据《中华人民共和国行政诉讼法》第25条第4款和最高人民法院、最高人民检察院《关于检察公益诉讼案件适用法律若干问题的解释》第21条的规定，向你单位提出如下检察建议：

一、严格依照《普洱市人民政府关于思茅河水环境治理工作方案》《思茅河水环境综合治理2019年度目标任务责任书》要求，加大力度，扎实开展思茅河水环境治理工作，促进思茅河水质全面改善，2019年底前实现"脱劣"目标，2020年底实现思茅河Ⅳ类水质目标。

二、开展城郊结合部和思茅河及8条支流沿线村镇生活污水收集工作，加大执法检查力度，严厉打击违规排放生产生活污水行为；加大农村环境综合整治项目建设力度，对行政村生活污水进行收集处理；结合农村危房改造、安居工程、村庄道路建设等，完善农村截污排污系统，实行雨污分流。

三、督促各级河长履职尽责，思茅河及8条支流的河长，及时开展河长清河行动维护好河道环境卫生，履行好河道巡查、监管责任，对于巡查过程中发现的河道垃圾、污水排放、污水管网跑冒滴漏等问题，及时与相关部门沟通对接。

四、严格按照《思茅河主城区径流范围畜禽、水产养殖整治方案》，扎实完成思茅河流域禁养区违规畜禽养殖及鱼塘清理整治工作；推进生态种植推广，减少使用化肥和化学农药，切实消除思茅河流域的农业面源污染。

五、与市水务局、市生态环境局等有关部门相互配合开展好中心城区水库联合调度、生态补水、河道清淤等工作。

请于收到本检察建议书后15日内依法履行职责，并书面回复本院。

云南省普洱市人民检察院
2019年9月6日

> 检察建议书亮点：加强协作配合，认真做好中心城区水库联合调度、生态补水、河道清淤。

云南省普洱市人民检察院
检察建议书

普检行公〔2019〕××号

普洱市水务局：

　　本院在履职中发现，你单位对辖区内思茅河流域水环境治理中存在不依法履职的情形，本院依法进行了调查。现查明：

　　思茅河及8条支流贯穿普洱市中心城区，具有防汛除涝、水资源配置、生态景观等诸多综合功能。但长期以来，思茅河流域存在城镇生活生产污水、农业面源污染、工业企业点源污染、城区截污管网雨污不分流以及水源不足等问题，导致思茅河长期达不到Ⅳ类水质目标。特别是2019年5月，国家生态环境部抽查发现思茅河流域3个河段存在疑似黑臭水体。思茅河水环境、水生态遭受破坏，国家和社会公共利益受到侵害。

　　上述事实有：现场调查照片、视频资料、调查笔录、《思茅河水环境综合治理2019年度目标任务责任书》《思茅河水污染防治工作方案》等证据证实。

　　本院认为，行政机关的法定职责，不仅包括法律、法规、规章规定的职责，还包括上级和本级人民政府规范性文件、行政机关"三定方案"确定的职责。根据《普洱市水务局职能配置、内设机构和人员编制规定》、2018年8月1日普洱市政府《思茅河水污染防治工作方案》、2019年7月1日《普洱市人民政府办公室关于印发思茅河水环境治理工作方案的通知》以及《思茅河水环境综合治理2019年度目标任务责任书》，你单位作为普洱市水资源管理监督部门，对思茅河流域的水资源保护、水域及岸线的管理、水生态修复、涉水违法事件查处等负有法定职责。但是，在具体推进思茅河水环境治理工作过程中，你单位未能依据法定职责及普洱市政府关于思茅河水环境治理工作的任务清单等要求，全面、充分地发挥职能作用，存在以下问题：一是河道清淤、硬化平整等工作方面，仍有不到位之处，雨天排查工作机制不健全，雨季降水量大时河道淤泥问题往往出现反复。二是未能与市住房和城乡建设局开展好协作配合，对雨污混流口进行封堵并倒查源头予以整治。三是对疑似黑臭水体整治、中心城区河道环境综合整治项目建设验收、中心城区水库联合调度、生态补水等工作推进、督促不到位，进度缓慢。由此，思茅河水环境、水生态遭受破坏的状态长期得不到改善，影响生态景观、人居环境和普洱城市形象，妨碍普洱中心城区的绿色可持续发展，国家和社会公共利益受到侵害。

为督促你单位依法全面履行职责，维护国家和社会公共利益，现根据《中华人民共和国行政诉讼法》第 25 条第 4 款和最高人民法院、最高人民检察院《关于检察公益诉讼案件适用法律若干问题的解释》第 21 条的规定，向你单位提出如下检察建议：

一、严格依照法定职责及普洱市政府关于思茅河水环境治理的工作方案、任务清单的要求，严格、有序、全面地推进思茅河水环境治理工作，2019 年底水质"脱劣"，2020 年底实现思茅河 IV 类水质的目标任务。

二、与市住房和城乡建设局协作配合，做好对雨污混流口的封堵工作，倒查污水源头，予以整治。协助市住房和城乡建设局等有关部门做好中心城区截污管网的修缮、改造、验收等工作，建立健全雨天排查工作机制，有效消除雨污混流对思茅河水环境的负面影响。

三、切实发挥水资源管理监督部门的职能作用，与思茅区政府、市生态环境局等有关部门相互配合开展好中心城区水库联合调度、生态补水、河道清淤等工作。

四、对国家生态环境部督察组关于思茅河流域 3 条疑似黑臭水体反馈中提及的河道工程设施，及时依法予以拆除和整改，消除疑似黑臭水体问题，通过国家生态环境部督察组复查。

请于收到本检察建议书后 15 日内依法履行职责，并书面回复本院。

云南省普洱市人民检察院
2019 年 9 月 6 日

> 检察建议书亮点：加强对生产企业实施污染防治的监督管理，保护思茅河环境。

云南省普洱市人民检察院
检察建议书

普检行公〔2019〕××号

普洱市生态环境局：

　　本院在履职中发现，你单位对辖区内思茅河流域管理存在不依法履职的情形。本院依法进行了调查。现查明：

　　思茅河是普洱市中心城区贯穿南北连接"五湖九河"的河流，具有防汛除涝、水资源配置、农业生产和生态景观等诸多综合功能。但思茅河流域长期存在排放城镇生活生产污水、企业废水等水污染物的行为，使思茅河水质受到严重影响。2016年市政府与省政府签订的《普洱市水污染防治目标责任书》要求，思茅河—莲花乡为国家地表水考核断面，水质目标为Ⅳ类。普洱市人民政府办公室于2018年出台《思茅河水污染防治工作方案》，但至今思茅河仍为劣Ⅴ类水质，自然生态环境受到破坏，社会公共利益受到侵害。

　　上述事实有：现场调查照片、视频资料、《普洱市水污染防治目标责任书》《思茅河水污染防治工作方案》《思茅河水污染防治工作方案主要任务分解表》等证据证实。

　　本院认为，你单位作为普洱市环境保护主管部门，一是对思茅河流域环境保护工作监督管理主体责任履职不到位，对污染源防治工作缺乏全局性的安排和部署，对思茅河整治负有职责的行政单位监督不力，导致污染治理推进工作不平衡，重点工作推进不力。二是生态环境监督执法力度不够，对向水体排放油类、酸液、碱液的违法行为，未按照《中华人民共和国水污染防治法》第85条"限期采取治理措施，消除污染，处以罚款；逾期不采取治理措施的，环境保护主管部门可以指定有治理能力的单位代为治理，所需费用由违法者承担"的规定进行查处，导致城镇生活生产污水长期污染思茅河流域。三是排污许可证制度执行不力。对部分企业违反排污许可证规定超过排放标准或者超过重点水污染排放总量控制指标、偷排、不正常运行水污染防治设施等排放污染物的违法行为，未按照《排污许可管理办法》第58条"责令改正或者责令限制生产、停产整治，并处十万元以上一百万元以下的罚款；情节严重的，报经有批准权的政府批准，责令停业、关闭"的规定及时履职，导致企业长期违法排污，污染生态环境。为督促你单位依法履行职责，维护国家和社会公共利益，现根据《中华人民共和国行政诉讼法》第25条第4款和最高人民法院、最高人民检察院《关于检察公益诉讼案件适用法律若干问题的解释》第21条的规定，向你单位提出如下检察建议：

一、切实发挥环境保护主体作用，加强水环境治理的力度，采取有效措施，向政府或相关行政部门提出限期治理或其他处置建议，修复生态环境；

二、加强对生产企业实施污染防治的监督管理，严厉打击违法排污行为，涉嫌刑事犯罪的线索依法移送公安机关；

三、严格按照《中华人民共和国水污染防治法》第95条规定，组织对因违法排放水污染物，受到罚款处罚，被责令改正的企业事业单位和其他生产经营者进行复查，发现其继续违法排放水污染物或者拒绝、阻挠复查的，按日连续处罚。

请于收到本检察建议书后两个月内依法履行职责，并书面回复本院。

云南省普洱市人民检察院
2019年6月14日

> 检察建议书亮点：科学制定污水工程专项规划编制方案，完善和整治城区污水管网改造以及污水处理厂建设，加强对入河排污口设置的指导和监督。

云南省普洱市人民检察院
检察建议书

普检行公〔2019〕×××号

普洱市住房和城乡建设局：

本院在履职中发现，普洱市住房和城乡建设局对思茅河流域沿岸截污管网损毁、雨污混流、城市生活污水直排入河等问题存在不依法履职的情形。本院依法进行了调查。现查明：

思茅河作为思茅区水资源重要载体，具有城镇水资源配置、防汛除涝和生态景观等诸多综合功能。但长期以来，思茅河主城区存在截污管网损毁、雨污混流等情况，致使思茅城区污水直接排入思茅河流域，其水环境、水生态遭到破坏。2019年5月，国家生态环境部通报思茅河3条支流存在疑似黑臭水体问题，并要求8月份前进行整改。但截至目前，思茅河流域存在的上述问题仍未得到有效整治，使国家和社会公共利益受到侵害。

上述事实有：《思茅河水污染防治工作方案》《普洱市人民政府办公室关于印发思茅河水环境治理工作方案的通知》及调查笔录等证据证实。

本院认为，思茅河的污染状况得不到有效整治，不仅影响生态景观、人居环境、普洱城市形象，而且制约中心城区涉水重大项目建设，阻碍普洱经济社会发展。根据《中华人民共和国水污染防治法》第49条，《城镇排水与污水处理条例》第5条、第7条、第18条、第23条、第44条，以及《普洱市住房和城乡建设局职能配置、内设机构和人员编制规定》，你单位作为地方城镇建设和城镇排水行政主管部门，具有指导管理城市供水排水，城市地下管线建设，城市环境综合整治、综合管理，生活垃圾、生活污水处理，城镇排污网管、排污排水口等设施的职责。针对思茅河流域存在的水生态、水环境问题，应当依照《思茅河水污染防治工作方案》《普洱市人民政府办公室关于印发思茅河水环境治理工作方案的通知》的规定，依法推进思茅河流域水生态、水环境综合整治和城区污水管网改造建设。但是，在具体推进工作过程中，你单位未能依据法定职责及普洱市政府关于思茅河水环境治理工作的任务清单等要求，全面、充分、有效发挥职能作用，思茅河流域水生态、水环境遭受破坏的情形未消除。

综上所述，为督促你单位依法履行职责，维护国家和社会公共利益，现根据《中华人民共和国行政诉讼法》第25条第4款和最高人民法院、最高人民检察院《关于检察公益诉讼案件适用法律若干问题的解释》第21条的规定，向你单位提出如下检察建议：

一、严格按照《中华人民共和国水污染防治法》《城镇排水与污水处理条例》等法律法规及普洱市政府关于思茅河水环境治理工作的方案、任务清单要求，全面、充分、有效推进思茅河水环境治理工作，对思茅河流域尤其是城区内居民小区、企事业单位、个体工商户污水乱排、污水管网混接、错接、漏接行为、尚未发现的黑臭水体进行排查，结合思茅主城区实际情况，科学制定污水工程专项规划编制方案。

二、开展雨污分流整治，杜绝因降雨造成截污主干管超负荷运行导致的污水再次外溢进入河道。完善城市污水管网建设，杜绝直排入河违法行为，采取有效措施整治截污管网损毁区域。

三、按质按时完成思茅区第一、第二污水处理厂提标改造工程，采取有效技术手段，制定严格监督措施，确保第一、第二污水处理厂出厂水达到国家标准。加快推进第三污水处理厂新建规划工作，尽快启动项目建设。

四、协同相关部门加强对入河排污口设置的指导和监督。

请于收到本检察建议书后15日内依法履行职责，并书面回复本院。

云南省普洱市人民检察院
2019年9月5日

> 检察建议书亮点：合理规划工业布局，监督涉水企业进行技术改造，减少废水和污染物排放。

云南省普洱市人民检察院
检察建议书

普检行公〔2019〕××号

普洱市工业和信息化局：

　　本院在履职中发现，你单位对思茅河流域沿河企业废水排放存在未全面履职的情形，本院依法进行了调查。现查明：

　　思茅河是普洱市中心城区贯穿南北连接"五湖九河"的河流，具有防汛除涝、水资源配置和生态景观等诸多综合功能。但思茅河流域长期存在排放城镇生活生产污水、企业废水等水污染物的行为，使思茅河水质受到严重影响。2016年市政府与省政府签订的《普洱市水污染防治目标责任书》要求，思茅河—莲花乡为国家地表水考核断面，水质目标为Ⅳ类。普洱市人民政府办公室于2018年出台《思茅河水污染防治工作方案》，对思茅河水环境治理工作作出了总体部署和要求，但至今思茅河仍为劣Ⅴ类水质，自然生态环境受到破坏，社会公共利益受到侵害。

　　上述事实有：调查笔录、视频资料、《普洱市水污染防治目标责任书》《思茅河水环境防治工作方案》《思茅河水污染防治工作方案主要任务分解表》等证据证实。

　　本院认为，行政机关的法定职责，不仅包括法律、法规、规章制度规定的职责，还包括上级人民政府规范性文件、行政机关"三定方案"确定的职责。根据《普洱市工业和信息化局职能配置、内设机构和人员编制规定》及2019年7月1日《普洱市人民政府办公室关于印发思茅河水环境治理工作方案的通知》的规定，你单位作为企业行业主管部门，具有对企业减少工业排放、污染控制、清洁生产、绿色发展的管理职责，对思茅河流域工业企业点源污染整治负有重要职责。但由于思茅河流域沿河部分企业的环境保护基础设不完备，生产原料、废弃塑料露天堆放，雨污分流不到位，工业废水超标排放等问题的存在，是造成思茅河水环境污染的原因之一，你单位对以上问题监督管理不到位。由此，思茅河水环境、水生态遭受破坏的状态长期得不到改善，影响生态景观、人居环境和普洱城市形象，妨碍普洱中心城区的绿色可持续发展，国家和社会公共利益受到侵害。

为督促你单位全面依法履行职责，维护国家和社会公共利益，更好地推进思茅河水环境综合治理工作，依照《中华人民共和国行政诉讼法》第25条第4款和最高人民法院、最高人民检察院《关于检察公益诉讼案件适用法律若干问题的解释》第21条的规定，向你单位提出如下检察建议：

1. 在思茅河及8条支流沿线范围内合理规划工业布局，监督涉水企业进行技术改造，采取综合防治措施，提高水的重复利用率，减少废水和污染物排放量。

2. 认真落实思茅河水环境治理责任，确保于2019年12月底前完成普洱工业园区莲花片区配套污水集中处理设施建设。

3. 加强对思茅河流域沿河企业的日常监督检查，有效防范未达标的生产生活污水、工业废水直排入河。

请于收到本检察建议书后15日内依法履行职责，并书面回复本院。

云南省普洱市人民检察院
2019年9月5日

> 检察建议书亮点：不能以侵害人民利益、破坏生态环境为代价招商引资发展经济。

镇沅彝族哈尼族拉祜族自治县人民检察院检察建议书

镇检建〔2019〕××号

镇沅县工业和信息化局：

　　本院在办理镇沅县公安局侦查终结的梁某甲、梁某乙等8人涉恶案件中发现，镇沅华硕公司属镇沅县招商引资引进的企业，作为公司的主要负责人梁某甲，在企业生产过程当中，因二氧化硫排放超标，与村民发生纠纷时目无法纪，雇请梁某乙组织张某、袁某、申某某、李某某、梁某某、李某某，通过非法侵入他人住宅绑架人质的手段，以达到村民不敢上访，公司非法生产的目的。

　　本院认为，贵单位招商引资把关不严、对企业监管不力是本案发生的重要原因，据此，我院提出以下检察建议：

　　1. 在招商引资过程中，不但要考虑招商的实效，也要注重考察招商企业的社会背景。重点考察企业负责人政治素质和遵纪守法情况，不能以侵害人民利益、破坏生态环境为代价招商引资发展经济。

　　2. 企业招商成功之后，应当加强对企业的管理，特别是企业的基层组织建设，要健全党支部，充分发挥支部的战斗堡垒作用；要督促企业遵纪守法，合法经营，在发现企业出现侵害人民利益、破坏生态环境苗头性、倾向性问题时，要加强监督引导企业合法经营，并帮助企业解决实际问题。

　　根据《人民检察院检察建议工作规定》，特向你局提出检察建议，希望你局在收到检察建议后及时整改，并将整改落实情况书面回复本院。

镇沅彝族哈尼族拉祜族自治县人民检察院

2019年3月25日

> 检察建议书亮点：提升责任和法律意识，依法规范森林采伐和管理。

云南省景谷傣族彝族自治县人民检察院检察建议书

景检公诉建〔2017〕××号

云南云景林业开发有限公司：

　　我院在办理你公司涉嫌滥伐林木罪、公司副总经理刘某某涉嫌掩饰、隐瞒犯罪所得罪，公司合作造林部经理罗某某、副经理王某某涉嫌滥伐林木罪和掩饰、隐瞒犯罪所得罪，公司技术员杨某某、夏某、张某、沙某某、杨某某、付某某、张某涉嫌滥伐林木罪一案的过程中，通过审查案件材料，走访相关人员，对案件进行了全面的剖析及调查研究，该案的发生反映出你公司日常管理中存在以下几方面问题：

　　一、思想政治抓不到位，公司管理人员责任意识淡薄

　　公司注重抓经济发展，忽视思想政治教育。公司中、高层领导干部对我国绿色生态文明建设的精神把握不准确，片面地追求经济发展，对绿色发展的重要意义及必要性认识不足。在公司的日常管理活动中，管理模式粗放，对各部门、各基地的督促检查不到位，存在大量管理盲区及漏洞，大部分问题在有关部门查处后才得知，未能及时发现和纠正问题，有的甚至在发现问题后，为了公司利益最大化，而放任部分工作人员及业主违法违规操作，反映出公司管理人员主体意识、责任意识及危机意识淡薄。

　　二、公司管理制度不健全、落实不到位

　　你公司虽制订了相关规章制度及各部门、岗位职责权限，但制度规定过于笼统、模糊，对于各部门在伐区生产管理过程中的工作流程及奖惩制度规定不够健全、具体。如考核依据单一，仅以是否完成生产指标为年度考核依据，而并未规定对于违法违规生产的处罚方式，导致员工一味追求完成指标，而逾越

法律底线。同时,你公司已有的规章制度在实际工作中被束之高阁,得不到落实。如公司虽规定木材运输票据不得借用、混用,但实际生产工作中仍普遍存在木材运输票据管理不善,随意可得及两地交叉使用、借用、冒用的情形;又如虽规定技术员在伐区生产管理中,负责伐区的规划、设计、拨交及验收等工作,但实际生产过程中,并未一一落实,伐前拨交、伐中检查、伐后验收等重要环节往往被随意省略,导致超期、越界采伐情况频发。

三、技术人员法律意识淡薄,专业技能不足

公司负责伐区生产管理的技术员对森林法等法律法规及林业政策、制度学习不够,有的技术员虽对相关法律法规、政策制度有一定了解,但在实际生产管理过程中为实现公司利益最大化而抱有侥幸心理,缺乏遵纪守法的自觉性。同时,技术人员的业务水平参差不齐,有的技术员甚至不能熟练看图、识图,在不能准确界定伐区范围的情况下,仍擅自通知业主进行伐区生产作业,且不依工作职责进行伐区督查巡视,导致大量森林资源被破坏。

针对上述问题,为达到"办理一案,教育一方"的社会效果,杜绝此类案件的发生,本院现提出以下检察建议:

一、健全完善管理制度及奖惩制度,并提高执行力

健全和完善公司管理制度,实现公司管理制度全覆盖、无死角。明确公司各个岗位职责,进一步细化岗位职责,制度奖惩制度,以严明的处罚办法提醒不负责任的员工,并在员工违反公司规章制度时,能够及时按照公司的该项制度对员工及责任人进行处理,以儆效尤。

二、转变经营理念,强化责任意识

公司领导干部要转变经营理念,秉持"既要金山银山,又要绿水青山"的发展理念,认识到绿色发展才是持久之道。同时,要明确自身职责,严格履行主体责任,定期或不定期进行巡视检查,认真听取各部门工作汇报,及时发现问题,解决问题,对于违法违规生产作业的情况,要采取零容忍态度,坚决予以查处。

三、加强法治教育和业务素质培训

开展法治讲座,以案释法,把法治宣传教育工作灌输到每一名员工,树立并不断提高公司员工遵纪守法的意识,同时可在公司设置法制宣传栏及制发法制宣传海报,运用身边事、身边人作为典型,以润物无声的方式潜移默化地提高公司员工的法律意识,使公司自上而下都深刻认识到法律的权威性和不可触犯性,知道什么是高压线,不能碰的坚决不碰。同时对公司技术人员进行全方位的林业生产作业技能培训,并进行考试存档,杜绝出现技术员不会看图识图的情况。每一名技术人员都配备一部GPS仪器并且将所有采伐证及采伐规划

设计书复印交到对应的技术人员手中,让其精确确认伐区界线,并严格按照采伐许可证许可的时间、地点、范围、数量进行采伐。通过责任教育让每一名公司员工认识到认真履行职责,正确地履行职责是每个云景林业开发公司人的义务。

  以上问题和建议,请你公司研究解决,并将落实情况15日内以书面形式告知我院。

云南省景谷傣族彝族自治县人民检察院
2017年8月8日

> 检察建议书亮点：加强监督检查，保护国家矿产资源和矿山地质环境。

云南省普洱市人民检察院
检察建议书

普检行公〔2019〕××号

宁洱哈尼族彝族自治县国土资源局：

　　本院在履行公益诉讼职责中发现，宁洱哈尼族彝族自治县（以下简称宁洱县）国土资源局对云南普洱某水泥有限公司将栏对房石场承包给普洱某商贸建筑材料有限公司开采经营的违法行为存在不依法履职的情形。本院依法进行了调查。现查明：

　　2005年1月，云南普洱某水泥有限公司（以下简称甲公司）依法取得宁洱县同心镇锅底塘栏对房石场的采矿许可证。2015年1月6日，甲公司与普洱某商贸建筑材料有限公司（以下简称乙公司）签订《内部承包开采合同书》，约定将栏对房石场承包给乙公司生产经营，甲公司按年收取承包费，乙公司自主经营、自负盈亏、自主完善一切设施设备。2015年1月至2018年7月期间，乙公司在未取得采矿许可证的情况下，在栏对房石场开采矿石并销售，经原宁洱县林业局检验，乙公司施工作业面积达10.4379公顷。经本院调查，因违法采矿造成的土地损毁仍未恢复。宁洱县国土资源局对甲公司将栏对房石场承包给乙公司开采经营的违法行为不依法履行职责，致使国家矿产资源管理秩序被扰乱，矿产资源被违法开采，国家利益和社会公共利益受到侵害。

上述事实有：内部承包开采合同书、石料供应合同、宁洱县林业局出具的林地检验报告、宁洱县林业局发出的违法占用林地停工通知书、询问笔录等证据证实。

本院认为，为保护和合理开发矿产资源，取得采矿许可证的企业必须严格执行矿产资源开发利用的法律法规，甲公司依法取得栏对房石场的采矿权，有权依法转让，但必须符合法定转让条件，即必须符合《中华人民共和国矿产资源法》第6条第1款第（二）项、《探矿权采矿权转让管理办法》第3条第（二）项："已取得采矿权的矿山企业，因企业合并、分立，与他人合资、合作经营，或者因企业资产出售以及有其他变更企业资产产权的情形而需要变更采矿权主体的，经依法批准可以将采矿权转让他人采矿。"否则不得将采矿权进行转让。甲公司与乙公司是两家独立的企业，也不存在合资、合作开发栏对房石场的情形，甲公司将栏对房石场承包给乙公司开采经营的行为是法律所禁止的。根据《探矿权采矿权转让管理办法》第15条："违反本办法第三条第（二）项的规定，以承包等方式擅自将采矿权转给他人进行采矿的，由县级以上人民政府负责地质矿产管理工作的部门按照国务院地质矿产主管部门规定的权限，责令改正，没收违法所得，处10万元以下的罚款；情节严重的，由原发证机关吊销采矿许可证。"应当对甲公司的违法行为进行处罚。

综上所述，根据《中华人民共和国矿产资源法实施细则》第8条第3款、《土地复垦条例》第5条及《宁洱县国土资源局主要职责内设机构和人员编制规定》之规定，你单位作为宁洱县地质矿产主管部门，对辖区范围内的矿山企业、矿产资源、矿山地质环境保护负有监督管理职责，但你单位对甲公司将栏对房石场承包给乙公司开采经营的违法行为不依法履行职责，致使国家矿产资源管理秩序被扰乱，矿产资源被违法开采，矿山地质环境遭受破坏。为督促你单位依法履职，保护国家矿产资源和矿山地质环境，维护国家利益和社会公共利益。现根据《中华人民共和国行政诉讼法》第25条第4款和最高人民法院、最高人民检察院《关于检察公益诉讼案件适用法律若干问题的解释》第21条的规定，向你单位提出如下检察建议：

1. 严格依照《中华人民共和国矿产资源法》等相关法律法规的规定，依法履行职责，对甲公司的违法行为进行处罚，如涉嫌刑事犯罪的依法将线索移送公安机关处理；

2. 对栏对房石场因乙公司违法采矿造成土地损毁的情况进行评估，并严格依照《土地复垦条例》等相关法律法规的规定，督促土地复垦义务人进行复垦；

3. 进一步加强对辖区内矿产资源的监督检查和保护工作。

请于收到本检察建议书后两个月内依法履行职责，并书面回复本院。

云南省普洱市人民检察院
2019 年 5 月 13 日

> 检察建议书亮点：依法查处违法排污行为，做好糯扎渡库区水污染治理、修复工作。

云南省普洱市人民检察院
检察建议书

普检行公〔2019〕××号

普洱市生态环境局：

　　本院在履行公益诉讼职责中发现，普洱市生态环境局对糯扎渡库区水资源和生态环境保护工作存在不依法履职的情形。本院依法进行了调查。现查明：2018年3月，普洱检察机关开展"糯扎渡库区生态环境和资源保护公益诉讼专项活动"时发现，由于糯扎渡库区监管缺失，政策宣传出现偏差，大量非法网箱养殖、非法捕捞、非法采砂、违法排污等破坏水资源和生态环境的违法行为长期得不到制止，库区水资源和生态环境遭受破坏。本院经过现场调查发现，网箱养殖区域水质下降：一是大量投饵和排泄物会增加水体营养物负荷，降低水体的透明度，增加有机化学药剂污染，增加底泥中有机物的积累，造成水体污染；二是养殖区域尾水未经处理直接排入水体，养殖尾水中含有较多重金属、有机物、残留药品等，直接排入库区造成水质二次污染；三是养殖户在库区水面搭建临时生活区、发展钓鱼经营活动，生产生活废水随意排放，加剧了库区水质恶化。你单位出具的《普洱市环境保护局关于糯扎渡库区网箱养殖行为环境影响测算方法说明的函》，确认了网箱养殖的残饵、排泄物向水体排放N、P等污染物的事实客观存在。库区水资源和生态环境遭到破坏，国家利益和社会公共利益受到严重侵害。

　　上述事实有：现场调查照片、视频资料、询问笔录等证据证实。

　　本院认为，根据《中华人民共和国水污染防治法》第9条及《普洱市生态环境局职能配置、内设机构和人员编制规定》之规定，你单位作为普洱市环境保护主管部门，应当依据《中华人民共和国水污染防治法》第85条之规定,对糯扎渡库区违法投饵、排放污染物的行为制止查处,造成污染的,要求违法者限期采取治理措施,消除污染,逾期不采取治理措施的,可以指定有治理能力的单位代为治理,所需费用由违法者承担。但你单位未全面履行法定职责,对糯扎渡库区网箱养殖区域违法排放污染物的行为不加以查处,履行水资源、生态环境保护协调和监督职责不力。为督促你单位依法全面履职,保障糯扎渡库区水资源和生态环境可持续利用,维护国家利益和社会公共利益,依照《中华人民共和国行政诉讼法》第25条第4款和最高人民法院、最高人民检察院《关于检察公益诉讼案件适用法律若干问题的解释》第21条之规定,向你单位提出如下检察建议:

一、严格依照《中华人民共和国水污染防治法》等相关法律法规的规定,依法对糯扎渡库区违法排污行为进行查处,造成水污染的,责令违法者采取水污染治理措施,消除污染,逾期不采取治理措施的,可以指定有治理能力的单位代为治理,如有涉嫌刑事犯罪的依法将线索移送公安机关;

二、确实担负起水资源、生态环境保护统筹协调和监督管理职责,协调和配合相关部门做好糯扎渡库区水污染治理、修复工作,助力市政府库区综合整治有效开展。

请于收到本检察建议书后两个月内依法履行职责,并书面回复本院。

云南省普洱市人民检察院

2019年6月14日

> 检察建议书亮点：坚决整治非法网箱养殖，保护糯扎渡库区水资源和生态环境。

云南省普洱市人民检察院
检察建议书

普检行公〔2019〕××号

普洱市水务局：

　　本院在履行公益诉讼职责中发现，普洱市水务局对糯扎渡库区水功能监督管理工作存在不依法履职的情形。本院依法进行了调查。现查明：

　　2018年3月，普洱检察机关开展"糯扎渡库区生态环境和资源保护公益诉讼专项活动"时发现，由于库区监管缺失，政策宣传出现偏差，糯扎渡库区长期存在大量非法网箱养殖、非法捕捞、非法采砂、私搭乱建等违法行为，且没有得到有效控制，库区水资源和生态环境遭受破坏。普洱检察机关依法启动行政公益诉讼程序，向渔业行政主管部门提出检察建议，建议对库区非法网箱养殖、非法捕捞等违法行为进行查处，并加强对渔业资源的监管。但经本院现场调查发现，仅对违法行为进行取缔不足以消除对库区水资源和生态环境造成的破坏。网箱养殖带来的水质恶化已经不容忽视：一是大量投饵和排泄物会增加水体营养物负荷，降低水体的透明度，增加有机化学药剂污染，增加底泥中有机物的积累，造成水体污染；二是养殖区域尾水未经处理直接排入水体，导致较多重金属、有机物、残留药品等，直接排入库区造成水质二次污染；三是养殖户在库区水面搭建临时生活区、发展钓鱼经营活动，生产生活废水随意排放，加剧了库区水质恶化；四是库区非法采砂行为屡禁不止，造成库区生态环境破坏，涵养水源的能力大幅下降，影响生态系统平衡。2013年普洱市将糯扎渡库区所处的澜沧江流域普洱段354km划分为一级水功能保留区，水质为Ⅱ类，是普洱市为今后开发利用和保护水资源而预留的水域，2020年水质目标为Ⅱ～Ⅲ类。同时，澜沧江流域是西双版纳州70%的饮用水供水水源。

2015年8月，糯扎渡电厂对澜沧江干流右岸距坝址约105km—125km段网箱养殖集中区域的水质进行了取样检测，检测结果为V类水质，水质明显恶化。糯扎渡库区的水资源和生态环境遭到破坏，国家利益和社会公共利益受到严重侵害。

上述事实有：现场调查照片、视频资料、询问笔录等证据证实。

本院认为，根据《中华人民共和国水法》第12条第4款及《普洱市水务局职能配置、内设机构和人员编制规定》之规定，你单位作为普洱市水资源管理监督部门，应当依照《中华人民共和国水法》第32条第4款、《水功能区监督管理办法》第21条之规定，对库区网箱养殖区域水质进行监测，并及时向市政府报告水质监测情况，同时通报市生态环境局。在全市高站位推进糯扎渡库区综合整治进程中，你单位未发挥出水资源行政主管部门的职能作用，未能履行好库区网箱养殖水域水质监测评价职责，致使库区水资源和生态环境遭到破坏得不到有效控制。为保护糯扎渡库区水资源，保障水资源的可持续利用，维护好国家利益和社会公共利益，依照《中华人民共和国行政诉讼法》第25条第4款和最高人民法院、最高人民检察院《关于检察公益诉讼案件适用法律若干问题的解释》第21条之规定，向你单位提出如下检察建议：

一、严格依照《中华人民共和国水法》等法律法规，依法对糯扎渡库区网箱养殖水域开展水质监测评价，并向市政府汇报监测情况，同时向普洱市生态环境局通报；

二、加强工作力度，充分发挥部门优势，以严谨、科学的水质监测工作，助力库区综合整治、水质修复有效开展。

请于收到本检察建议书后两个月内依法履行职责，并书面回复本院。

云南省普洱市人民检察院
2019年6月14日

> 检察建议书亮点：加强土地监管，依法整治废旧轮胎违法加工厂。

云南省普洱市思茅区
人民检察院检察建议书

思检民（行）行政违监〔2019〕××号

普洱市思茅区南屏镇人民政府：

　　本院在履行职责中发现，在思茅区南屏镇土桥村何家箐有一废旧轮胎违法加工厂，该厂位于你单位辖区内，但你单位未及时发现也未依法管理，存在怠于履职的情形。

　　2019年9月11日，本院获悉在思茅区南屏镇土桥村何家箐有一废旧轮胎加工厂（经营者：罗某某）在未办理任何审批手续、未建设配套环保处理设施及未进行工业固体废物申报登记的情况下，租借集体土地违法私建该加工厂。本院经调查，该厂已投入生产，长期以收购的废旧轮胎来炼油及生产炭黑，并对加工厂附近的土壤环境造成污染，对此情况你单位未及时发现也未依法管理。

　　本院认为，根据《普洱市思茅区南屏镇机构编制设置方案》等相关文件规定，思茅区南屏镇人民政府对辖区内的综合治理负有不可推卸的职责，但对该加工厂在辖区内租借集体土地、长期违法加工轮胎造成环境污染的情况未及时发现未进行管理，因此你单位对相关社会治理工作存在未履行职责到位的情况。

　　综上，根据《人民检察院检察建议工作规定》第11条的规定，现向你单位提出如下建议：

　　一、对辖区内出租集体土地、违法污染环境的行为加强监管；
　　二、加强对辖区内群众相关综合治理的法制宣传。
　　请在收到检察建议后1个月内将处理结果书面回复本院。

云南省普洱市思茅区人民检察院
2019年11月26日

> 检察建议书亮点：规范鳄类等野生动物的驯养、繁殖、出售等活动。

云南省镇沅彝族哈尼族拉祜族自治县人民检察院检察建议书

镇检一部建〔2019〕××号

镇沅彝族哈尼族拉祜族自治县农业农村和科学技术局：

我院在办理刀某某、张某某等人犯罪一案中，在案证据反映出犯罪嫌疑人刀某某在者东老家养殖鳄鱼，鳄鱼为CITES《濒危野生动植物种国际贸易公约》附录一、二所列物种，我国也将鳄类物种分别核准为国家一级、二级重点保护野生动物。有关鳄类动物的驯养、繁殖、出售、收购、运输、进出口，都必须严格遵守CITES和《中华人民共和国野生动物保护法》的有关规定，不允许非法驯养繁殖、倒卖和走私鳄类动物及其产品。根据《中华人民共和国野生动物保护法》《中华人民共和国陆生野生动物保护实施条例》《林业部关于印发〈国家重点保护野生动物驯养繁殖许可证管理办法〉的通知》等文件精神，驯养繁殖鳄鱼必须先向主管部门申请"国家重点保护野生动物驯养繁殖许可证"。为了加大对黑恶势力的打击力度，威慑不法分子，维护市场经济发展秩序和社会治安稳定，实现良好的政治效果、法律效果和社会效果，针对这一问题，我院提出如下的检察建议：

1. 贵单位应当高度重视扫黑除恶专项斗争工作，加强组织领导，在职责职权范围内开展扫黑除恶专项斗争工作，对辖区非法养殖国家重点野生动物的情况进行摸排，根据摸排情况分别作出处理。

2. 核实犯罪嫌疑人刀某某养殖鳄鱼是否按照规定向贵单位申请办理"国家重点保护野生动物驯养繁殖许可证"。

3. 请贵单位根据调查核实情况对刀某某养殖鳄鱼作出处理，并将处理情况书面回复我院。

根据《人民检察院检察建议工作规定》，为了依法严厉打击黑恶势力，推进社会治安综合治理，我院结合执法办案工作，特提出检察建议，希望在收到检察建议后1个月内作出处理并将处理结果书面回复本院。

镇沅彝族哈尼族拉祜族自治县人民检察院

2019 年 10 月 16 日

三、坚持为民司法，依法保障民生民利

> 检察建议书亮点：坚持和发展新时代枫桥经验，在案件办理中化解矛盾纠纷。

江城县人民检察院
检察建议书

江检一部建〔2020〕××号

江城县公安局边境管理大队：

我院在办理白某某、李某某4人涉嫌故意伤害、寻衅滋事和敲诈勒索等罪一案过程中，通过审查案件材料、询问相关人员，对案件进行了全面的分析。该案反映出你大队在执法活动中存在以下问题：

一、未及时立案进行侦查

2014年6、7月份白某某安排刀某某带领十余人到云南江城木制品有限责任公司，采用占办公室、拉横幅、放鞭炮、敲锣打鼓、大声放音乐、拖着钢管在厂里示威、用车堵住工厂大门口等手段恐吓该公司法定代表人董某某等人长达一个多月，严重影响江城木制品公司的正常生产经营秩序，严重影响了公司职工及周边群众的生产、生活秩序。期间被害人多次报警请求处理，你大队康平边防派出所民警出警进行调查核实，在符合立案条件的情况下未及时立案进行侦查，直到2019年3月1日才立为刑事案件进行侦查。

二、执法民警在履职过程中存在未有效调查核实、积极化解矛盾纠纷等问题

从移送审查起诉的案卷材料中可以看出，2018年10月12日、15日和16日，白某某等人在思源学校及附近追逐、拦截、辱骂、殴打被害人张某某和李

某乙，侵犯了他人的合法权益、扰乱了学校正常的教学秩序、破坏了人民群众的安全感，造成恶劣的社会影响。接报的勐烈边防派出所在10月16日受立刑事案件之前并没有及时有效地调查取证、积极化解矛盾纠纷，也没有对受理的案件线索进行切实有效的研判和预警，致使白某某等人肆无忌惮、变本加厉，连续对被害人实施侵害行为。

为更有效地凝聚力量、形成合力、深度参与社会综合治理，达到政治效果、法律效果和社会效果的统一，树立法律权威，针对上述问题，本院现提出以下建议：

一、依法办案，争取法律效果、政治效果和社会效果的有机统一

正如《人民警察之歌》中写的"我们维护着祖国的尊严，全心全意为人民服务"，作为安全稳定的捍卫者，公安民警有责任、有义务，也有能力办理严重危害他人权益、社会公益和国家利益的一切刑事案件。在案件的办理过程中，一方面，要依法依规受立刑事案件，对受理的线索进行研判和分析，防患于未然，改变"先判断是否属于刑事案件再取证"的思维模式；另一方面，要将办案与化解矛盾纠纷深度融合，积极参与社会综合治理，改变"为了办案而办案"的思维模式。

二、加强执法办案培训

鉴于公安机关部分内设机构分区域管辖的特点，建议向各所办案民警提供刑事案件跟班学习和专项学习培训的机会，丰富办案人员的刑事案件办案经验，以"两法衔接"为契机，不断增强证据意识和法治意识，提高化解矛盾纠纷的能力。

如对上述建议持有异议，请于收到该建议书之日起7日内向我院书面提出异议。

针对以上建议，请你单位认真研究，并将落实情况于收到本检察建议之日起两个月内，以书面形式告知我院。

江城县人民检察院

2019年4月10日

> 检察建议书亮点：依法查处有毒有害食品，保障人民群众"舌尖上的安全"。

云南省普洱市人民检察院
检察建议书

普检行公〔2019〕××号

江城县市场监督管理局：

  本院在履行职责中发现，你局对江城县勐烈镇马某某、普某某销售不合格豆芽的问题存在未依法履职的情形。本院依法进行了调查。现查明：

  2019年11月6日，普洱市市场监督管理局组织在全市范围内集中开展豆芽菜质量安全专项整治行动，对辖区内具有一定规模的20户豆芽菜生产加工小作坊（摊贩）进行现场检查和监督抽检。经抽样委托第三方检测机构检验，江城县勐烈镇马某某、普某某销售的豆芽中检测出4-氯苯氧乙酸钠物质，违反了《食用农产品市场销售质量安全监督管理办法》第25条"禁止销售下列食用农产品：（一）使用国家禁止的兽药和剧毒、高毒农药，或者添加食品添加剂以外的化学物质和其他可能危害人体健康的物质的"的规定。国家食品药品监督管理总局、农业部、国家卫生和计划生育委员会（2015年第11号）公告也明确规定，禁止在豆芽的生产和经营过程中使用4-氯苯氧乙酸钠。对此，你局未及时进行查处，该商户销售不合格食用农产品对人民群众"舌尖上的安全"造成隐患，社会公共利益受到侵害。

  上述事实有：调查笔录、豆芽检验报告、个体工商户登记基本信息、《2019年普洱市20批豆芽专项抽检情况汇总表》等证据证实。

  本院认为，食品安全关系人民群众切身利益、关乎众多消费者的健康权等合法权益。根据《普洱市江城县市场监督管理局职能配置、内设机构和人员编制规定》，你局作为食品安全监督管理部门，对前述销售不合格食用农产品的违法行为，应当全面履行监管职责，依照《食用农产品市场销售质量安全监督管理办法》第 50 条第 1 款及《中华人民共和国食品安全法》第 123 条第 1 款规定进行查处，以消除社会公共利益受到侵害的状态，切实保障人民群众的食品安全，维护社会公共利益。现根据《中华人民共和国行政诉讼法》第 25 条第 4 款和最高人民法院、最高人民检察院《关于检察公益诉讼案件适用法律若干问题的解释》第 21 条的规定，向你局提出如下检察建议：

一、依据《食用农产品市场销售质量安全监督管理办法》及《中华人民共和国食品安全法》对江城县勐烈镇马某某、普某某依法进行查处，涉嫌犯罪的，依法移送有关机关追究刑事责任。

二、针对辖区内存在的食品安全隐患，加强监督检查及加大查处力度，对食品行业经营者开展食品安全相关法律、法规宣传工作。

请于收到本检察建议书后两个月内依法履行职责，并书面回复本院。

云南省普洱市人民检察院
2019 年 12 月 23 日

> 检察建议书亮点：加强对食品行业从业人员健康证明的监督检查，消除食品质量安全隐患。

云南省普洱市人民检察院
检察建议书

普检行公〔2019〕××号

普洱市市场监督管理局：

本院在履职中发现，你单位辖区内存在有市场监督管理部门未依法履职的情形，本院依法进行了调查。现查明：

2019年12月12日至13日，经本院现场调查发现，思茅区阳光悦城、思茅镇通商南路社区通商路、南屏镇梨园市场、南屏镇大荒地烧烤城的部分食品生产经营户中，存在安排未取得健康证明和健康证明逾期的人员从事接触直接入口食品工作的情况。且你单位的《普洱市豆芽菜质量安全专项整治行动小结》中也反映出，在对全市开展豆芽菜质量安全专项整治行动中，同样存在从事接触直接入口食品工作的从业人员无健康证明的问题。此情形违反了《中华人民共和国食品安全法》第45条第2款关于"从事接触直接入口食品工作的食品生产经营人员应当每年进行健康检查，取得健康证明后方可上岗工作"的规定，对众多消费者"舌尖上的安全"造成隐患，社会公共利益处于受侵害状态。

上述事实有：现场调查照片、视频资料、调查笔录、《普洱市豆芽菜质量安全专项整治行动小结》等证据证实。

本院认为，民以食为天，食品安全关系人民群众的获得感、幸福感、安全感，关乎众多消费者的生命权、健康权等合法权益。食品生产经营者建立并执行从业人员健康管理制度，是保证食品安全的重要一环。根据《普洱市市场监督管理局职能配置、内设机构和人员编制规定》，你单位作为普洱市的食品安全监督管理部门，对食品生产经营户安排未取得健康证明和健康证明逾期的人员从事接触直接入口食品工作的问题，应当根据《中华人民共和国食品安全法》第45条、第126条第1款第（六）项的规定，组织、指导有管辖权的单位，依法开展查处，消除社会公共利益受到侵害的状态，切实保障食品安全。现根据《中华人民共和国行政诉讼法》第25条第4款和最高人民法院、最高人民检察院《关于检察公益诉讼案件适用法律若干问题的解释》第21条的规定，向你单位提出如下检察建议：

一、监督、指导全市有管辖权的县（区）市场监督管理局，严格依照《中华人民共和国食品安全法》开展执法工作，针对食品生产经营户安排未取得健康证明和健康证明逾期的人员从事接触直接入口食品工作的问题进行查处。

二、指导和规范市场监督管理行政执法行为，强化监督检查的力度，增加抽检频次，促进食品生产经营者及相关从业人员严格遵照《中华人民共和国食品安全法》的规定，消除食品生产经营者及从业人员的侥幸心理，切实维护人民群众"舌尖上的安全"。

请于收到本检察建议书后两个月内依法履行职责，并书面回复本院。

云南省普洱市人民检察院
2019年12月24日

> 检察建议书亮点：督促加强劳动监察，依法保障智障人员合法权益。

江城县人民检察院
检察建议书

江检侦监建〔2019〕××号

江城县人力资源和社会保障局：

　　我院在办理张某某等4人涉嫌强迫劳动罪一案中，经审查案件、讯问犯罪嫌疑人发现，张某某、鲁某某、王某某、曹某某4人在江城县勐烈镇朵把村朵把砖厂内采用暴力、威胁、限制人生自由的方式强迫13名工人劳动，每天上班时长12小时以上，且不发工资，工人中还有3名智障人员，4名犯罪嫌疑人的行为严重侵害了劳动者的合法权益，该违法行为自2018年11月初持续至2019年2月6日，但是却未被有关部门发现，针对该情况，在此特向你单位提出以下三点建议：

　　1. 采取定期和随机抽查相结合的模式对全县各用工单位的用工情况进行劳动监察，特别是砖厂等用工量较大的单位。

　　2. 监察工作要深入、细致，不走过场。监察过程中要防止事前有人通风报信，避免用工单位隐匿、毁灭违法用工证据或躲避监察。

　　3. 监察部门一经发现有违法用工情况的要严格依法查办，维护和保障被害人的合法权益。

　　以上建议，请认真研究解决，并将落实情况两个月内书面告知我院。

江城县人民检察院
2019年3月29日

> 检察建议书亮点：督促落实企业用工实名制，及时发放农民工工资。

云南省普洱市思茅区人民检察院
检察建议书

思检民（行）行政违监〔2019〕××号

普洱市思茅区人力资源和社会保障局：

  本院依据《云南省检察机关关于充分发挥民事行政检察监督职能深入开展协助解决拖欠农民工工资问题专项监督的实施方案》的要求，开展协助解决拖欠农民工工资问题的相关业务工作，在开展工作中发现在我区内用工主体与农民工之间未完全落实用工实名制的规定，并存有农民工资未及时发放的情况。

  普洱市农民工工作领导小组于2018年10月18日制定下发的《普洱市用工实名制信息化管理系统建设实施方案》中规定，2018年实名制管理制度基本全覆盖。但从本院办理李某甲、李某乙等农民工支持起诉案中来看，相关用工单位对雇佣的农民工未做到实名制用工管理，仍然存在工资发放不及时的情况。

  本院认为，解决拖欠农民工工资问题，事关人民群众切身利益、事关全区社会大局稳定，而用工实名制制度，对解决劳资纠纷、拒不支付劳动报酬等违法行为具有重要作用，也能给予农民工在后续维权中有力的证据支持。你局对推行用工实名制管理工作承担主要职责，但现辖区内仍未完全落实用工实名制管理，因此存在履行职责不到位的情况。

  综上，根据《人民检察院检察建议工作规定》第11条的规定，现向你单位提出如下建议：

  一、加大工作力度推行企业用工实名制制度，采取有效措施保障用工实名制制度得到全面落实；

二、加强对用工企业制法制宣传，提高用工企业实行实名制信息化管理的意识。

请在收到检察建议后 1 个月内将处理结果书面回复本院。

云南省普洱市思茅区人民检察院
2019 年 11 月 17 日

> 检察建议书亮点：监督纠正以支付工资为名义的虚假诉讼行为，维护企业正当权益。

墨江哈尼族自治县人民检察院检察建议书

墨检民（行）监〔2019〕××号

宜良县某建筑公司因与罗某某劳务合同纠纷一案，不服墨江哈尼族自治县（以下简称墨江县）人民法院（2018）云0822民初320号民事调解书，向本院申请监督，本案现已审查终结。

2018年5月21日，罗某某向墨江县人民法院提起诉讼，请求人民法院判决：宜良县某建筑公司、汤某某、国电云南某水电有限公司连带支付罗某某工资45万元。2018年7月19日墨江县人民法院开庭审理，经调解，双方当事人自愿达成如下协议：一、由被告宜良县某建筑公司、被告汤某某于2018年9月30日前一次性支付原告罗某某劳务费45万元，被告宜良县某建筑公司、被告汤某某承担连带责任；二、被告国电云南某水电有限公司不承担支付原告罗某某劳务费的责任；三、案件受理费8050元，减半收取4025元，由原告罗某某负担。2018年7月19日，墨江县人民法院作出（2018）云0822民初320号民事调解书。2018年11月13日罗某某向墨江县人民法院申请强制执行，墨江县人民法院于2018年11月13日向宜良县某建筑公司发出执行通知书。宜良县某建筑公司收到执行通知书后，对（2018）云0822民初320号民事调解书不服，于2019年5月23日，向墨江县人民法院申请再审。墨江县人民法院于2019年6月25日对宜良县某建筑公司的再审申请作出回函，针对宜良某建筑公司向墨江县人民法院提交的原审被告之一的汤某某出具的悔过书，被告汤某某明确承认是其与原审案件原告之一的罗某某合谋私刻宜良县某建筑公司印章，伪造法律文书的事实及债务往来的事实，为此本案可能涉嫌刑事犯罪，建议宜良某建筑公司向当地公安机关报案，追究相关人员的责任，若相关人员涉嫌刑事犯罪，待刑事案件审结后，再按照有关法律规定处理。宜良某建筑公司于2019年7月31日向本院申请监督。

经本院依法审查查明：2010年5月至2016年10月，汤某某个人挂靠在宜良县某建筑公司名下取得墨江县三江口、普西桥水电站水土保持等零星工程20个，合计项目总金额2115.82万元。汤某某与宜良县某建筑公司约定，工程施工由汤某某具体负责实施并自负盈亏，宜良某建筑公司收取工程管理费用。在实施上述工程过程中，汤某某找到罗某某，双方约定以合伙方式做工程，罗某某主要负责工程现场管理、工资发放等工作，汤某某负责工程投标、协调对接工程款项拨付等工作，所获利润2人平均分配。工程项目完工后，2018年初，罗某某与汤某某结算双方利润，经协商汤某某同意分给罗某某45万元利润，并出具了一张字条给罗某某。该字条写有"由国电云南某水电有限公司在工程结算款中支付某某（罗某某别名）45万元工资"并加盖了汤某某伪造的宜良某建筑公司印章。本院经过调查，罗某某、汤某某均认可45万元是其2人合伙汤某某应当分给罗某某的利润。罗某某与汤某某和宜良某建筑公司之间不存在劳务关系，该字条内容并非罗某某与汤某某合伙利润分配的真实反映。

本院认为，墨江县人民法院（2018）云0822民初320号民事调解书协议内容违反《中华人民共和国民事诉讼法》第208条第2款的规定，理由如下：

一、罗某某和汤某某之间系合伙关系而非劳务关系。

根据《民法通则》第30条："个人合伙是指两个以上公民按照协议，各自提供资金、实物、技术等，合伙经营、共同劳动。"

办案人员通过向汤某某、罗某某调查核实，2人均证实宜良县某建筑公司在中标三江口和普西桥电站项目后，由挂靠人汤某某负责具体实施。汤某某和罗某某双方口头约定合伙做这两个项目工程，由罗某某负责项目工地的管理，汤某某负责工程结算，所得利润均分，最终2人约定由汤某某向罗某某支付45万元的合伙利润款。根据最高人民法院《关于贯彻执行〈中华人民共和国民法通则（试行）〉若干问题的意见》第50条："当事人之间没有书面合伙协议，又未经工商行政管理部门核准登记，但具备合伙的其他条件，又有两个以上无利害关系人证明有口头合伙协议的，人民法院可以认定为合伙关系。"罗某某和汤某某之间虽然没有书面合伙协议，但罗某某和汤某某均认可双方的合伙关系，国电云南某水电有限公司普西桥水电站支部书记张某某证实罗某某曾和他讲过，其同汤某某一起合伙做三江口和普西桥电站的项目，鲁某也曾听说罗某某和汤某某是合作关系，上述两名无利害关系人证实了罗某某和汤某某系合伙关系的事实。

二、宜良县某建筑公司不应承担汤某某欠罗某某合伙利润45万元的债务的连带清偿责任。

汤某某所写的"宜良某支付罗婷工资45万元"的字条,名为"工资",实为罗某某所得的工程利润款。汤某某在该字条上加盖了"宜良某建筑公司"印章,该印章系汤某某本人伪造,汤某某本人承认了为方便做工程资料而伪造印章的事实,付某的证言也证实公司没有授权过给汤某某私刻公司印章,该印章系汤某某伪造。墨江县人民法院根据当事人提交的宜良县某建筑公司对汤某某的授权委托书、伪造的"工资"支付字条等证据,通过调解,达成由宜良县某建筑公司、被告汤某某承担连带支付45万元劳务费的协议。罗某某和汤某某明知2人是合伙关系,仍提供伪造证据,导致墨江县人民法院调解认定由宜良县某建筑公司与汤某某支付罗某某劳务费45万元承担连带责任,损害了宜良县某建筑公司利益。

三、罗某某和汤某某提供伪造证据向法院提起诉讼的行为,属虚假诉讼行为,其2人行为妨害了司法秩序,损害司法权威,侵害了国家利益、社会公共利益。

本案中,罗某某根据汤某某伪造的工资字条,将合伙关系虚构为劳务合同关系,以讨要工资的名义将汤某某、国电云南某水电有限公司、宜良县某建筑公司作为被告提起虚假诉讼,利用了人民法院的审判权,妨碍司法秩序,损害司法权威,侵害国家和社会公共利益。

综上所述,墨江县人民法院作出的(2018)云0822民初320号民事调解书损害国家利益、社会公共利益。经本院检察委员会讨论决定,根据《中华人民共和国民事诉讼法》第208条、《人民检察院民事诉讼监督规则》第86条的规定,特提出再审检察建议,请在收到后3个月内将审查结果书面回复本院。

此致

墨江哈尼族自治县人民检察院
2019年10月30日

附:检察卷宗一册

四、依法保障未成年人合法权益

> 检察建议书亮点：严格落实"一号检察建议"，加强未成年人合法权益保护。

云南省普洱市人民检察院
检察建议书

普检未检建〔2019〕××号

普洱市教育体育局：

　　为深入贯彻落实"一号检察建议"，按照《普洱市关于开展落实最高人民检察院"一号检察建议"联合督查的工作方案》《普洱市教育体育局中共普洱市委政法委员会普洱市公安局关于开展2019年度普洱市"平安校园"创建工作考核的通知》相关文件要求，"平安校园"创建工作考评组赴全市各地对32所学校开展"平安校园"创建工作考评和校园安全检查，通过联合督查，实地走访，发现各学校预防性侵犯罪方面制度不健全，管理不完善，不同程度存在校园安全隐患。

　　一、存在的隐患和问题

　　1.学校安全基础防护能力不足。共性问题为没有配齐配强专兼保安和安全管理人员，安全设施、防护用品配备、警示标识设置和视频监控不达标。不同程度存在学生外出请销假、外来人员、车辆登记不规范，校园安全第一道防线防范不足。

　　2.宿舍安全管理存在安全隐患。共性问题为部分女生宿舍未实行封闭式管理，没有专门的宿管员，部分学校发现男性工作人员管理女生宿舍等安全隐患（逸夫中学、西盟新厂镇中小学）。以及部分女生宿舍窗户没有防护栏，没安装窗帘，容易泄露隐私，以及个别学校女生宿舍无厕所，厕所离女生宿舍距离较远等安全隐患（西盟新厂镇中小学）。

3. 食堂管理不达标。共性问题为大部分食堂没有按"六T"标准建设管理，存在食堂加工区未对生熟食进行分开加工，食堂工作人员个人卫生状况不达标等问题。

4. "一号检察建议"落实不力。共性问题一是许多学校对"一号检察建议"内容和精神知晓程度不高，有个别学校主要领导不知道什么是"一号检察建议"，一些学校没有将云南省高级人民法院、云南省人民检察院、云南省公安厅《关于维护校园安全严厉打击侵害校园师生人身财产安全违法犯罪的通告》粘贴上墙。二是曾经发生过性侵害，特别是教职工性侵的学校整改不力，如凤山中心校案发后，女生宿舍楼没有进行整改，仍呈开放式，无专门女性宿管员，监控探头没有全覆盖，与女生宿舍相隔不远的外围墙与村寨相邻，仅用两块铁板作临时防护，没有实体防护，外来入侵的风险较高。而且发生过职教工性侵的学校没有从源头预防上建立相关机制，校方与当地教育主管部门以及上级教育主管部门对已判决案件信息互通不畅，检察机关已多次针对凤山中心校事件向校方和当地教育部门发过检察建议，仍未引起足够重视。三是对教职工严格管理存在疏漏，从检察机关办案情况看，个别学校发生了实习老师性侵未成年学生案件，目前案件已判决（定罪免刑），通过联合督查发现教育主管部门对该实习老师被判刑后，他就读的学校对他如何处理，以及是否还有继续从事与教育相关的职业等情况底数不清，容易违反从业禁止相关规定，风险较高。

二、几点工作建议

校园安全事关孩子、家庭、民族，鉴于贵部门为教育行政主管部门，为了给未成年人营造一个安全的校园环境，现根据《人民检察院检察建议工作规定》，提出如下检察建议：

1. 建议加大督促整改力度。按照《2019年云南省中小学幼儿园安全工作要点》和《普洱市教育体育局中共普洱市委政法委员会普洱市公安局关于开展2019年度普洱市"平安校园"创建工作考评的通知》的要求，已将落实"一号检察建议"纳入普洱市2019年市级平安校园考核，针对此次联合督查中排查出的问题，请贵局督导各地教育行政主管部门加大监管力度，监督校方严格落实主体责任，成立工作专班，根据列出的问题清单，逐条定期整改，及时消除安全隐患。建议对发生教职工性侵和校外人员进入学校性侵的3所学校与公安机关、检察机关一起挂牌督办，细化督办事宜。对发生校园性侵的学校，实行"平安校园"考核和德育工作"一票否决"。

2. 定期开展隐患摸底排查。此次普洱市"平安校园"创建考评组对全市32所学校进行检查，发现一些校园安全隐患，建议贵局督促各地教育行政部门对照"平安校园"创建考核标准，建立联合督查长效机制，联合公安、检察等相关部门定期或不定期对本辖区中小学、幼儿园进行安全检查，重点针对学校整体安全、男女学生宿舍管理、"六T"食堂建设、教学设施等安全状况及"一号检察建议"落实情况等方面进行拉网式排查，对突出问题、薄弱环节、管理漏洞，及时提出整改意见，督促整改。

3. 建议结合"一号检察建议"，防控并杜绝"校园性侵"事件。教职工性侵未成年学生、幼儿园儿童，践踏法律底线，严重危害校园安全、社会和谐稳定，请结合"一号检察建议"精神，防控并杜绝"校园性侵"事件，严格女生宿舍管理，做好事前预防工作，加强师德师风教育，开展性侵预防专题教育，增强女生防范能力，建议将普义中学、墨江县第一小学将落实"一号检察建议"在校园醒目位置设置宣传专栏这一经验做法全市推广。严格贯彻执行教师职业行为准则，对教师性骚扰、性侵害学生行为"零容忍"，发现一起严肃查处一起，全力遏制"校园性侵"事件。

4. 建议加强制度建设，从源头上预防校园性侵和未成年人学生遭受性侵案件发生。《教育部办公厅关于进一步加强中小学（幼儿园）预防性侵害学生的通知》（以下简称《通知》）对加强学校安全管理、保障学生安全，有效预防性侵害学生违法犯罪作出了专门规定，建议结合《通知》要求，督促各教育行政部门定期对检查组提出的整改问题开展"回头看"，联合公检法建立举报、查处校园性侵案件联动机制，招录管理教职工、从业禁止等相关机度。建议在校园安全风险防控上增强投入，积极争取属地党委政府支持，进一步加强投入力度，按照规定标准，完善校园人防、物防、技防建设，强化学校安全防护能力，通过建章立制、完善"一号检察建议"工作台账，进一步从源头上预防校园性侵和未成年人学生遭受性侵案件发生。

5. 建议加强校园法治教育、自护教育和对住读生的关心保护。"法治是一种精神，一种素养，应该从娃娃抓起"，校园法治教育十分重要，建议联合公检法司共同加强校园法治教育，同时充分发挥课堂法治教育、"法治副校长"送法进校园等活动，不断增强在校学生法律意识。加大开展"预防性侵自护教育"力度，加强学生性安全方面的防范教育，组织老师、学生一同学习"一号检察建议"精神，增强在校学生包括男童、女童的自我防范意识。结合宿舍管理、心理健康教育，督促学校加大对住读生的关心保护力度，有针对性地开展心理咨询、心理疏导，帮助学生身心健康发展。同时加强检教联合、检校配合，建立互通协作机制。

6. 建议督促加强学校食品安全工作。食品安全关系到舌尖上的安全，发生安全问题容易导致群体性事件，通过联合检查不同程序发现学校食堂不达标，部分存在安全隐患，建议按照《学校食堂安全与营养健康管理规定》《2019年云南省中小学幼儿园安全工作要点》的要求，督促各校全面推行学校食堂"六T"实务管理模式，建议将普洱学院、市职教中心管理模式全市推广。

希望贵单位收到建议后及时研究，如对本建议有异议，请在收到该建议书之日起7日内提出。并请贵单位在收到该建议书之日起2个月内作出处理并将处理结果书面反馈本院。

附：《学校安全问题排查清单》（注：共50所学校，包括联合督查和检察机关自行检查的学校）

普洱市人民检察院
2019年12月12日

> 检察建议书亮点：加强校园安全管理和法制教育，认真开展未成年人犯罪预防及权益保护工作。

普洱市思茅区人民检察院
检察建议书

思检未检建〔2019〕××号

普洱市思茅区教育体育局：

近年来，我区在校学生犯罪案件和在校学生被侵害案件呈上升趋势，仅2018年，我院受理审查起诉普洱市公安局思茅分局移送审查起诉的刘某某等9人涉嫌抢劫一案中，5人系思茅第三中学、思茅第四中学在校学生；张某某等3人聚众斗殴案被害人梁某某系思茅第四中学在校学生；王某某强奸案中被害人陶某某系思茅第四中学在校学生；刘某某、李某某等人组织卖淫案中被害人祁某某、张某某系思茅区逸夫中学在校学生。这些案件并非个别现象，近年来，学生犯罪案件呈上升趋势，学生被侵害案件也呈上升趋势，我院针对个案，已经向相关学校发过检察建议，但效果甚微，这些案件反映出当前一些学校在学生保护和校园安全管理方面存在较为严重的问题：

一是落实校园安全管理不到位。根据有关法律法规，各校园长、校长是校园安全管理第一责任人，近年来，为加强校园安全管理、预防性侵害，各地教育部门均采取了积极措施，如教育部等部门2013年联发了《关于做好预防少年儿童遭受性侵工作的意见》（教基一〔2013〕8号），对加强校园安全管理和预防性侵害工作作出部署，提出一系列要求，但是相关规定在案发学校并没有得到认真落实，责任不到位，发现问题也不及时报告，存在制度虚化现象。

二是对学生的法治教育缺位。学生法治教育、预防性侵害教育缺位，有的学校没有开展法治教育，有的法治教育课时不足，有的法治课流于形式，有的授课不专业等，难以取得良好的效果，导致不少学生自我约束、自我保护意识缺失。

学校，是立德树人的地方，孩子健康成长是人民美好生活的主要内容，校园安全事关千家万户、事关社会稳定，是社会公共安全的重要基石。鉴于贵局为思茅区教育主管部门，为进一步推动校园安全建设，有效预防和减少校园案件的发生，有效维护思茅区各类学校的安全稳定，根据有关法律法规和《人民检察院检察建议工作规定》，提出如下检察建议：

一是严格执行校园安全管理规定。建议贵局按照《中华人民共和国教育法》、国务院《教育督导条例》、国务院办公厅《关于加强中小学幼儿园安全风险防控体系建设的意见》《中小学幼儿园安全管理办法》等有关规定，进一步健全完善制度机制，落实责任安全责任制，以预防校园侵害为重点，开展校园安全隐患定期排查和专项督导工作，严格落实人防、物防、技防措施，对发现的问题认真核实，及时依法处理。

二是建立健全青少年法治教育机制。广泛开展以宪法为核心，以《预防未成年人犯罪法》《未成年人保护法》等法律法规为重点的法治宣传教育，设立法治知识课程，促进学校安全教育课程、课时、教师、教研、考核的落实；加强与司法机关等专业力量合作机制，配齐配强中小学校兼职法治副校长、辅导员，使法官、检察官、行政执法人员、律师面向青少年开展法治宣传教育常态化，共同开展有关法治教育和自护教育工作。

三是进一步健全完善预防性侵害制度机制。建议贵局按照国务院办公厅《关于加强中小学幼儿园安全风险防控体系建设的意见》等文件要求，进一步健全完善预防性侵害幼儿园儿童和中小学生的制度机制，明确报警、报告义务和责任，健全完善性侵害投诉和处理机制。督促、指导学校切实规范学生宿舍管理，严格执行女生宿舍封闭管理规定，完善重点时段和关键部位的安全监督。严格按照《中华人民共和国教师法》、国务院《教师资格条例》，健全师德建设长效机制。

四是认真开展未成年人犯罪预防及权益保护工作。建议贵局根据《中共中央办公厅、国务院办公厅印发〈关于进一步深化预防青少年违法犯罪工作的意见〉的通知》（中办发〔2016〕26号）、《中共云南省委办公厅、云南省人民政府办公厅印发〈关于进一步深化预防青少年违法犯罪工作的实施意见〉的通知》（云办发〔2017〕10号）和《中共普洱市委办公室、普洱市人民政府办公室印发〈关于进一步深化预防青少年违法犯罪工作的实施意见〉的通知》（普办发〔2018〕53号）等精神，统筹各方资源力量，以思想道德教育和法治教育为基础，切实做好预防青少年违法犯罪工作，健全青少年教育引导、利益协调和权益保障机制，促进青少年健康成长，为各项事业发展培养合格建设者和可靠接班人。

五是请贵局督促落实《最高人民检察院检察建议书》（高检建〔2018〕1号）；在校园粘贴宣传云南省高级人民法院、云南省人民检察院、云南省公安厅2019年2月28日发布的《关于维护校园安全严厉打击侵害校园师生人身财产安全违法犯罪的通告》。

请贵局在收到建议书后及时研究，采取有效措施推进相关工作，并在收到建议书后1个月内，向我院书面反馈开展工作相关情况。我院将积极配合贵局做好相关工作，共同切实维护好校园安全和学生合法权益。

普洱市思茅区人民检察院
2019年4月8日

> 检察建议书亮点：加强在校学生法治教育、预防性侵害教育和监督检查。

景东彝族自治县人民检察院
检察建议书

景检建〔2019〕××号

景东彝族自治县教育局：

　　本院在办理熊某某涉嫌强奸罪、杨某某涉嫌强奸罪、高某某涉嫌强奸罪等案件中发现，以上案件被性侵的4名未成年被害人分别属于景福中学、曼等中学、太忠中学的在校学生，相关学校在管理未成年人在校学生方面存在监督、管理漏洞，同时存在严重的安全隐患等问题：

　　第一，未严格执行校园安全管理规定。2013年，教育部、公安部、团中央等有关部门就联合下发了《关于做好预防少年儿童遭受性侵工作的意见》（教基一〔2013〕8号），对加强校园安全管理和预防性侵害工作作出了部署，提出了一系列具体要求。但是，相关规定在案发学校并没有得到认真落实，存在制度虚化的现象，导致在校学生遭受性侵害的案件时有发生。

　　第二，落实校园安全管理责任不到位。根据有关的法律法规，中小学校长是校园安全管理的第一责任人。但是，相关学校责任人没有真正担负起校园安全管理的责任，安全管理松散，导致在校学生在住校期间可以随意出入学校，给案件的发生被性侵害创造了客观条件。

　　第三，对在校学生法治教育、预防性侵害教育缺位。有的学校没有开展性知识教育、预防性侵害教育和法治教育，有的法治教育课时不足，内容单一等，难以取得良好的教育效果。法治意识、自我保护的意识缺失，导致不少在校学校遭受了性侵害问题。

　　针对以上问题，为依法履职，预防和减少未成年人在校学生被性侵害的行为再发生，贯彻落实各项管理制度，根据《中华人民共和国人民检察院组织法》第 4 条和《人民检察院检察建议工作规定》等有关法律法规，对你局提出如下检察建议：

1. 进一步健全完善预防性侵害的制度机制。建议你局按照相关文件要求，加强对在校学生的安全教育管理，进一步健全完善预防性侵害中小学生的制度机制。

2. 加强对校园预防性侵害相关制度落实情况的监督检查。指导、督促城乡各中小学校，按照《教育法》《中小学幼儿园安全管理办法》等有关规定，以预防性侵害为重点，开展校园安全隐患定期排查和专项督导工作，督促、指导中小学校及时消除安全隐患，对可能发生性侵害线索和苗头认真核实，及时依法处理。督促、指导学校切实规范学生宿舍管理，严格执行女生宿舍封闭式管理制度，完善安全管理措施等，预防和减少未成年人在校学生被性侵害的行为发生。

以上问题和建议，请你局研究解决落实，并将落实情况 15 日内以书面形式函告本院。

景东彝族自治县人民检察院
2019 年 4 月 3 日

> 检察建议书亮点：经常性开展两性知识和法制教育宣传教育，预防未成年性侵犯罪。

澜沧拉祜族自治县人民检察院检察建议书

澜检建〔2019〕××号

澜沧县竹塘乡中心小学：

我院在办理罗某某强奸你校在校生李某某案的审查逮捕过程中发现，未成年学生两性知识欠缺、法律意识淡薄，校方在学生保护和校园安全管理等方面存在漏洞，综上原因导致在校未成年学生性侵的情况屡次发生，为了避免更为严重的结果发生，现提出以下检察建议：

1. 加强住校未成年学生的管理，严格执行校园安全管理规定。利用学生宿舍轮流值日制度、值日生每日报告制度等方式及时掌握学生动态并反馈家长，实现学校与家庭的共同监管。按照《中华人民共和国教育法》、国务院《教育督导条例》、国务院办公厅《关于加强中小学幼儿园安全风险防控体系建设的意见》《中小学幼儿园安全管理办法》等有关规定，进一步健全完善制度机制，压实责任，落实安全责任制，担负起校园安全责任，以预防校园侵害为重点，开展校园安全隐患定期排查和专项督导工作，严格落实人防、物防、技防措施，对发现的问题认真核实，及时依法处理。

2. 定期开办两性知识教育讲座，建立健全青少年法治教育机制。按照不同年龄阶段未成年学生的心理特点进行有针对性的生理卫生教育。以《预防未成年人犯罪法》《未成年人保护法》等法律法规为重点的法治宣传教育，设立法治知识课程，促进学校安全教育课程、课时、教师、教研、考核的落实。

3. 多开展互动型兴趣活动或体育运动，在学生之间建立健康、良性的两性交往关系，破除两性交往的神秘感，帮助学生建立正确的两性交往观。

4. 利用家长会、亲子运动会等形式多牵头开展家长与学生的互动活动，帮助父母与未成年学生之间建立沟通桥梁，多面打通未成年学生的倾诉、求助和征询渠道，实现家庭监管与学校监管的融通。

5. 联合司法机关、政府部门经常性开展法制教育宣传，加强未成年学生的法律意识、维权意识、自我保护意识。加强与司法机关等专业力量合作机制，配齐配强中小学兼职法治副校长、辅导员，使法官、检察官、行政执法人员、律师面向青少年开展法治宣传教育常态化，共同开展有关法治教育和自我保护教育工作。

6. 请校方督促落实《最高人民检察院检察建议书》（高检建〔2018〕1号），在校园粘贴宣传云南省高级人民法院、云南省人民检察院、云南省公安厅2019年2月28日发布的《关于维护校园安全严厉打击侵害校园师生人身财产安全违法犯罪的通告》。

校园是神圣之地，祖国的花朵，正在这片神圣的土壤上健康茁壮的成长，要全力维护校园安全，保护祖国的花朵不被"洪荒尘土"所侵染，切实做好预防青少年违法犯罪工作，健全青少年教育引导、利益协调和权益保障机制，促进青少年健康成长，为各项事业发展培养合格建设者和可靠接班人。

请贵单位在收到检察建议之后的1个月内将检察建议采纳和落实情况回复我院。

澜沧拉祜族自治县人民检察院
2019年5月20日

> 检察建议书亮点：校园与家庭共同发力，加强对学生的思想道德教育和心理建康辅导。

普洱市思茅区人民检察院
检察建议书

思检未检建〔2018〕××号

思茅区第四中学：

  我院依法办理了普洱市公安局思茅分局于 2018 年 9 月 22 日以思公（城）提捕字（2018）29 号文书提请审查逮捕的你校学生犯罪嫌疑人何某某、陶某某、刘某某、师某某涉嫌抢劫罪一案，本院已于 2018 年 9 月 29 日对以上 4 人批准逮捕。在审查案件过程中，通过对案件暴露出来的突出问题，有的放矢地详细询问犯罪嫌疑人何某某、陶某某、刘某某、师某某的生活、学习、遵规守纪等情况，通过社会调查，造成 4 人犯罪的主要原因是：

  一、主观方面原因

  1. 精神空虚，寻求需求刺激。在该案中，犯罪嫌疑人何某某、陶某某、刘某某、师某某并不是因为缺钱花才去抢劫的，事实上，4 人家里的经济条件尚好，监护人对 4 人的物质要求也是有求必应，反映出 4 人具有逞强好胜、寻求刺激，满足精神空虚的主观心态。

  2. 法制观念淡薄。在该案中，在该案中，犯罪嫌疑人何某某、陶某某、刘某某、师某某在公安机关的侦查阶段乃至到本院的审查逮捕阶段，均未认识到自己行为的严重性。他们认为仅仅是玩闹一下，刺激一下，没有什么事，更未认识到自己的行为是犯罪行为。

  二、客观方面原因

  1. 家长疏于监管。家长平时忙于工作，忽视了对犯罪嫌疑人何某某、陶某某、刘某某、师某某的教育、管理。4 人出入娱乐场所，家长不过问；经常不回家，家长也不出来找；家长缺少跟孩子的沟通，且只关心孩子的物质需求，对4人的物质需求有求必应，但却忽视了4人的精神生活，4人也将家长的话当作耳旁风，家长的监管实际上是缺失的。

2. 学校疏于监管。该案中，何某某、陶某某、师某某、刘某某在学校学习，学校即承担了对学生的监管责任，尤其是对于未成年人学校承担的监管责任更重，4人经常违反校纪校规，多次保证改正，家长书写承诺书，虽然班主任多次教育未果，但是该案件发生时，4人仍然是你校在校学生，学校依然承担教育、管理的责任。

针对该案暴露出来的问题，为有效预防青少年犯罪案件的发生，更好的保障青少年的权益，提出如下检察建议：

一、重视对学生的思想道德教育和心理健康辅导

加强对学生的思想道德教育，提升学生的思想道德水平，努力把学生培养成"有道德"的好学生。及时了解和掌握学生的思想、生活和学习，加强对学生的心理辅导，使学生有健康的心理。

二、加强对学生的法制教育

学校可以通过开设法制课堂、召开法制专题讲座等，开展多种形式的法制宣传，并可以邀请司法部门的法律工作人员担任学校的法制辅导员，通过多种方式为学生讲解法律知识和解决法律问题，提升学生的法律素养，教育学生做知法、守法的好学生。

三、完善管理制度

进一步完善学校的各项管理规章制度，特别是要严格学生的纪律制度，加强对学生的管理。

四、加强与学生家长的配合

学校应加强与学生家长的联系，及时将学生在学校的情况告知家长，并了解学生在家的生活情况，使学校、家长心中有数，达到共同教育、帮助学生的目的。

针对以上建议，请你单位研究解决，在收到建议书后1个月内将整改落实情况以书面形式回复本院。

普洱市思茅区人民检察院

2018年9月29日

> 检察建议书亮点：规范 KTV 等娱乐场所管理，设好隔离"防火墙"。

云南省墨江哈尼族自治县人民检察院
检察建议书

墨检未检建〔2019〕××号

墨江县文化和旅游局：

本院在办理杨某某、李某某参加黑社会性质组织罪案件中发现，杨某某、罗某某等多名未成年人在进入 KTV 娱乐过程中结识了赖某某，后赖某某经常以请吃喝的方式不断笼络杨某某、罗某某等人，指使其从事违法犯罪活动。青少年的是非观念、择友观还在形成阶段，长期出入 KTV 等娱乐场所，容易受到外界因素的干扰和不良思想的腐蚀，形成错误的人生观和价值观。通过这起案件反映出墨江县城中部分 KTV 存在接纳未成年人进入 KTV 消费、娱乐的行为，故发现娱乐场所的监管存在以下问题：

一、未严格执行未成年人保护相关规定。《中华人民共和国未成年人保护法》第 36 条规定营业性歌舞娱乐场所、互联网上网服务营业场所等不适宜未成年人活动的场所，不得允许未成年人进入，经营者应当在显著位置设置未成年人禁入标志；对难以分辨是否已成年的，应当要求其出示身份证件。《娱乐场所管理条例》第 23 条规定歌舞娱乐场所不得接纳未成年人。但相关监管部门对此没有引起足够重视，相应的管理措施落实不到位，导致未成年人能够随意出入娱乐性场所，从而增加了未成年人参与违法犯罪的隐患。

二、执法检查职责不到位。在利益和金钱的驱使下，KTV 经营者对未成年人进入 KTV 采取漠视的态度，执法部门往往采取单一的、突击式的检查，不能够从根源上解决问题，也助长了经营者的侥幸心理。

三、经营者的法律意识淡薄。有的 KTV 经营者可能知道法律禁止接纳未成年人进入 KTV，但是为了经济利益而阳奉阴违，有的可能完全不知道有该项规定，遵守规定也更是无从谈起。

习近平总书记强调："青年的价值取向决定了未来整个社会的价值取向，而青年又处在价值观形成和确立的时期，抓好这一时期的价值观养成十分重要。这就像穿衣服扣扣子一样，如果第一粒扣子扣错了，剩余的扣子都会扣错。人生的扣子从一开始就要扣好。"这足以说明未成年人的事，再小也是大事，进入KTV不仅关系未成年人个人的前途发展，也关系社会的稳定与繁荣。鉴于贵部门为文化主管部门，为了未成年人的身心健康，营造一个良好的成长氛围，现根据《人民检察院检察建议工作规定》，提出如下检察建议：

一、建立和完善监管机制。文化主管部门要联合好公安等其他有关部门的工作人员依法履行监督检查职责，可以采用调取监控录像资料，定期或不定期现场检查的方式来排查KTV娱乐场所是否存在接纳未成年人的情况。相关部门之间要建立信息通报制度，及时通报监督检查情况和处理结果。根据《娱乐场所管理条例》第30条的规定，KTV娱乐场所禁止未成年人进入的标志应当注明公安部门、文化主管部门的举报电话，以此拓宽监督渠道，强化社会监督效果。

二、开展KTV专项检查行动。KTV娱乐场所环境嘈杂，人员复杂，非常不利于孩子的健康成长。墨江县KTV内曾发生过多起寻衅滋事、聚众斗殴犯罪，贵部门应高度重视存在的问题，建议从维护未成年人身心健康和广大群众根本利益出发，对城区KTV进行拉网式检查，重点排查KTV娱乐场所接纳未成年人和未按规定在显著位置设置未成年人禁止进入标志的情况。做到发现一起，查处一起，按照《中华人民共和国未成年人保护法》第66条、《娱乐场所管理条例》第48条的规定从严处罚。

三、开展法治教育宣传。建议利用官方微信公众号等平台开展关于KTV禁止接纳未成年人的政策法规宣传，扩大群众知晓面。对于KTV经营者普遍存在片面追究经济效益，漠视未成年人保护的情况，要对KTV经营者开展集中组织培训，进行法制教育宣传，增强其法制意识和社会责任感，遵章守纪地从事经营活动，杜绝未成年人进入KTV娱乐场所。

希望贵单位收到建议后及时研究，如对本建议有异议，请在收到该建议书之日起7日内提出。并请贵单位在收到该建议书之日起2个月内作出处理并将处理结果书面反馈本院。

墨江哈尼族自治县人民检察院
2019年3月22日

> 检察建议书亮点：严禁向未成年人销售烟酒，保护未成年人身心健康。

景东彝族自治县人民检察院
检察建议书

景检未检建〔2019〕××号

景东彝族自治县市场监督管理局：

　　本院在办理查林某某、李某某等15人涉嫌寻衅滋事罪一案中发现，未成年被告人查林某某等人在案发前，多次出入娱乐场所喝酒，且有勾结在校学生违法到学校销售香烟情况，你局等有关部门在监督、管理相关零售业、营业性娱乐场所禁止向未成年人出售烟酒等物品的过程中存在监管漏洞，同时存在严重社会安全隐患。

　　针对以上问题，为依法履职，预防和减少未成年人的违法犯罪行为，贯彻落实各项管理制度和有关扫黑除恶专项斗争的文件精神，消除社会不稳定、不和谐因素，排查隐患，根据《中华人民共和国人民检察院组织法》第4条和《人民检察院检察建议工作规定》《未成年人保护法》《预防未成年人犯罪法》等有关法律法规，对你局提出如下检察建议：

　　1. 建议你局在今年内对全县城乡零售业、KTV、酒吧等部门，开展一次以扫黑除恶专项斗争为契机的专项检查行动，重点排查城乡零售业、KTV、酒吧、烧烤店等娱乐场所违法向未成年人出售烟酒等禁止向未成年人出售的物品，和未按照规定在相关场所显著位置设置不向未成年人出售烟酒的标志，并明确要求相关人员在难以辨识是否是未成年人的情况下，要求提供身份证明等，通过排查消除社会不安全隐患，预防和减少未成年人犯罪，堵塞管理漏洞。

　　2. 建议你局会同有关部门定期或不定期的开展学校和学校周边的小商店、小卖部等零售企业是否存在违法向未成年人、在校学生销售烟、酒或是含有酒精性饮料等禁止向未成年人提供、销售的产品，通过排查工作消除隐患、堵塞漏洞，为未成年人、在校学生营造一个良好的成长教育环境。

3. 建议你局在近期内对城乡零售业主开展一次烟酒销售许可的大排查、大检查，及时整治无证经营情况，并对相关业主集中组织开展法治教育宣传活动，增强法治意识和社会责任感，教育经营者合法经营、遵章守纪从事经营活动，杜绝向未成年人提供、销售烟酒等物品。

以上建议，请你局认真对待，及时处理，并将建议落实情况函告本院。

景东彝族自治县人民检察院

2019 年 3 月 28 日

> 检察建议书亮点：加强校园暴力整治，净化校园环境。

云南省普洱市澜沧拉祜族自治县人民检察院检察建议书

澜检公诉建〔2018〕××号

澜沧拉祜族自治县民族中学：

在我们审查起诉沈某某、李某某（未成年）等4人故意伤害一案（恶势力犯罪案件）过程中发现你单位存在校园暴力现象，且在校未成年学生与校外人员纠集在一起实施聚众斗殴的行为。为净化教学环境、提升在校学生安全感、最大限度地杜绝未成年在校学生违法犯罪行为的发生、预防校外违法，逐步改善澜沧县的教育环境，现结合案情提出以下检察建议：

案情经过：2017年10月11日17时许，被害人阳某某、孙某某（2人均为澜沧县民族中学学生）因与同学邹某某在校期间存在矛盾，遂下午课后堵在澜沧县民族中学门口的路上欺负、殴打邹某某，邹某某遂将其被欺负的事情告知了其在校外结交的被告人孟某某，当晚被告人孟某某邀约了被告人李某某（17岁）、王某某等人在澜沧县勐朗镇傣族寨某烧烤店与邹某某一起吃烧烤谈论此事，之后被告人孟某某与邹某某通过邹某某的手机QQ与阳某某、孙某某等人进行理论，双方在手机QQ上吵架并邀约打架。2017年10月12日凌晨1点左右，被害人阳某某与其邀约的十余人拿着长刀、钢管等工具骑着摩托车辗转澜沧县粮食局、澜沧县77327部队门口，最终到达澜沧县城勐朗镇傣族寨某烧烤店找到邹某某及孟某某、王某某、李某某等人，但因看见邹某某一方人多，担心打不过而逃离现场，被告人孟某某、李某某、王某某等人遂即追至傣族寨大厕所下面岔路口旁边的路上追上被害人阳某某，并使用钢管等物共同将被害人阳某某打伤后离开。经鉴定，被害人阳某某的伤情程度构成轻伤。

以上事实有充分的证据予以证明，本案由校园暴力引发，在校学生阳某某邀约、聚集多名在校学生打架，而邹某某则与校外的违法犯罪分子纠集在一起来解决同学之间的争议，导致事态恶化、校园暴力衍化为犯罪行为。

综上事实，建议你单位：一是加强法制宣传教育。利用班会、全校升国旗时教育讲话、重点关注学生个别谈话、黑板报、法律讲堂、发放宣传册、节日趣味活动之法制知识有奖竞答等形式加强学生的法律观念、辨明是非和认识事情轻重利弊的能力。二是家校协同，铸造家庭监管和学校监管同步教育网。建立未成年人家庭特定联系人制度，定期将学生在校情况以校信、班主任的信等方式告知未成年学生家属并要求定期反馈未成年人的校外生活日程经历表，以便动态、双向掌握学生校内情况和校外情况。三是建立心理疏导机制。利用开设心理健康教育、心理咨询室等方式及时发现、了解学生的思想动态、心理问题和负面情绪，有针对性地进行有效疏导和治疗，引导未成年人建立正确交友、培养坚定信念，冷静、理智处理事情的意识。四是加强校园安全管理。定期对校内进行安全隐患排查，做好安全防范工作，本院也会努力加强与公安机关、审判机关、文化主管部门、教育主管部门等的联系，与你单位共同加强对校园周边环境的治理。以期在我们的共同努力之下，逐步改善澜沧县教育教学环境。

依据《中华人民共和国宪法》第129条、《人民检察院组织法》第4条的规定、请你单位在收到检察建议书后1个月之内将具体落实情况函复本院。

澜沧拉祜族自治县人民检察院
2018年8月27日

> 检察建议书亮点：加强未成年犯罪嫌疑人法律援助。

景东彝族自治县人民检察院
检察建议书

景检建〔2019〕××号

景东彝族自治县法律援助中心：

　　本院在办理李某某涉嫌盗窃罪一案中发现，我院于2019年2月20日收案次日就将李某某涉嫌盗窃案提供法律援助通知书送达你中心，而你中心迟迟未指派法律援助律师为李某某提供法律帮助。

　　针对以上问题，为依法履职，依法保障未成年人的合法权益，落实未成年人刑事案件各项特殊制度，根据《中华人民共和国人民刑事诉讼法》《人民检察院办理未成年人刑事案件的规定》和《人民检察院检察建议工作规定》的规定，对中心提出如下检察建议：

　　建议你中心在今后的工作中，依法履行工作职责，在收到我院相关案件提供法律援助通知书后的3日内及时为相关未成年犯罪嫌疑人指定法律援助律师，依法保障未成年犯罪嫌疑人的获得法律援助合法权益，依法为未成年犯罪嫌疑人提供法律帮助。

　　以上建议，请你中心认真对待，及时落实整改，并将建议落实整改函告本院。

景东彝族自治县人民检察院
2019年3月12日

> 检察建议书亮点：健全控辍保学机制，加强对适龄儿童、少年入学的监管。

云南省墨江哈尼族自治县人民检察院检察建议书

墨检未检建〔2019〕××号

墨江县教育体育局：

　　本院在办理史某某抢劫案中发现，史某某初一时因厌学而辍学在家，长期和社会闲散人员混迹，尾随实施了抢劫犯罪。从中反应出墨江县城内适龄少年存在辍学情况，对适龄儿童、少年入学的监管存在以下问题：

　　一是未严格落实相关法律法规。《中华人民共和国未成年人保护法》第19条、第25条规定学校应当根据未成年学生身心发展的特点，对他们进行社会生活指导、心理健康辅导和青春期教育；对于在学校接受教育的有严重不良行为的未成年学生，学校和父母或者其他监护人应当互相配合加以管教；无力管教或者管教无效的，可以按照有关规定将其送专门学校继续接受教育。学生产生厌学情绪的原因是多方面的，如果学校不能及时进行疏导，会伴随出现一定的不良行为，最终辍学。

　　二是劝返复学工作开展不到位。《中华人民共和国义务教育法规定》第13条规定，县级人民政府教育行政部门和乡镇人民政府组织和督促适龄儿童、少年入学，帮助解决适龄儿童、少年接受义务教育的困难，采取措施防止适龄儿童、少年辍学。居民委员会和村民委员会协助政府做好工作，督促适龄儿童、少年入学。据2019年的本院办理的未成年人刑事案件数据显示，史某某抢劫案，曹某某抢劫案，胡某某、李某某聚众斗殴案中有多名未成年人未完成九年义务教育，有的学校在对适龄儿童、少年劝返无果后采取保留学籍的处理方式，辍学未成年人群体呈现"家长管不住、社会无人管、小小年纪便混迹社会"的态势。

三是普法执法工作不深入。《中华人民共和国未成年人保护法》第 13 条规定父母或者其他监护人应当尊重未成年人受教育的权利，必须使适龄未成年人依法入学接受并完成义务教育，不得使接受义务教育的未成年人辍学。在对辍学未成年人的父母调查中了解到，有的父母长期外出打工，对子女缺乏有效的监护，有的父母抱有儿女不读书，我们也没有办法的心态，对未成年辍学听之任之。

未成年人辍学以后，由于缺少法治和思想道德教育、缺乏正确的是非观念，价值观，导致该部份未成年人处理事情时选择过激的手段，未成年人犯罪率由此攀升。因此，未成年人辍学已经不仅关系其个人或是家庭，更关系到社会秩序的稳定，鉴于贵部门为教育主管部门，为了未成年人的良好发展，建设平安墨江，现根据《人民检察院检察建议工作规定》，提出如下检察建议：

一是要高度重视儿童、少年辍学问题。建议你局对此进行专题研究，压实工作责任，认真落实教育行政部门组织和督促适龄儿童、少年入学、防止辍学的法定职责。

二是建立健全控辍保学机制。第一，每年定期开展核查，建立控辍保学台账，对疑似失学儿童、少年信息进行甄别，全面准确掌握适龄儿童、少年未接受义务教育情况，对标记为"辍学""疑似辍学"的一人一档，分析学原因、研究对策。第二，要和居民委员会、村民委员会建立协作机制，对识别为"辍学""疑似辍学"的学生加强和居民委员会、村民委员会的联系，齐抓共管，扎实做好劝返复学工作。

三是加强《中华人民共和国义务教育法》的宣传贯彻和执法检查，营造保障适龄儿童少年接受义务教育的良好环境。适龄儿童、少年的父母或者其他法定监护人无正当理由未依照规定送适龄儿童、少年入学接受义务教育的，严格按照《中华人民共和国义务教育法》第 58 的规定予以处罚。

希望贵单位收到建议后及时研究，如对本建议有异议，请在收到该建议书之日起 7 日内提出。并请贵单位在收到该建议书之日起 2 个月内作出处理并将处理结果书面反馈本院。

云南省墨江哈尼族自治县人民检察院
2019 年 12 月 1 日

五、做强民事检察，促进公正司法

> 检察建议书亮点：督促执行人民法院裁定，维护审判权威。

景东彝族自治县人民检察院
检察建议书

景检民（行）行政违监〔2019〕××号

景东彝族自治县自然资源局（原景东县国土资源局）：

本院在非诉执行专项监督活动中发现，你单位在对被处罚人陈某某非法占用土地一案非诉执行中，裁定书已生效，但该案件至今未得到执行。本案现已审查终结。

经审查查明：被申请人陈某某未经审批，占用耕地855.5平方米进行施工建设，其行为违反了《中华人民共和国土地管理法》第43条之规定，申请人景东县自然资源局依据《中华人民共和国土地管理法》第76条之规定，作出行政处罚决定：责令陈某某自收到处罚决定书之日起30日内自行拆除在景东县文井镇清凉村街子组拐马田未经批准非法占用土地进行施工的违法行为，恢复土地原状。并于2016年4月12日将处罚决定书送达陈某某。被申请人拒绝履行处罚决定，法定期限内未申请复议，也未提起行政诉讼，申请执行之前，申请人已向被申请人送达催告决定书催告其履行义务。申请人景东县自然资源局提出执行申请。景东县人民法院依据《中华人民共和国行政强制法》第53条、第54条，最高人民法院《关于执行〈中华人民共和国行政诉讼法〉若干问题解释》第63条第1款第（十四）项之规定，裁定如下：准予执行景东县国土资源局于2016年4月12日对陈某某作出的景国土资执罚字（2016）第2-11号行政处罚决定书。裁定书已生效，但该案件至今未得到执行。

以上事实有：申请强制执行书、调查报告书、景国土资执罚字（2016）第 2 - 11 号行政处罚决定书、景东县人民法院行政裁定书等证据证实。

本院认为，申请执行人景东县自然资源局于 2017 年 1 月 5 日以被申请执行人陈某某拒不履行"景国土资执罚字（2016）第 2 - 11 号"行政处罚决定书为由，向景东县人民法院申请强制执行。景东县人民法院受理后依法组成合议庭，于 2017 年 1 月 12 日作出裁定准予以强制执行。裁定书已生效，但该案件至今未得到执行。根据《中华人民共和国土地管理法》第 3 条规定："十分珍惜、合理利用土地和切实保护耕地是我国的基本政策，各级人民政府应当采取措施，全面规划，严格管理、保护、开发土地资源，制止非法占用土地的违法行为。"景东县自然资源局作为土地主管部门，对违法占地行为进行依法查处，是依法履行法律、行政法规赋予的职责行为，因依法作出的行政处罚决定被处罚人未自动履行，根据相关法律规定申请人民法院强制执行并由人民法院作出了"准予强制执行"的裁定。在人民法院作出准予强制执行的裁定生效后，应当积极推动行政处罚决定的执行，消除土地被非法占用的状态，以实现国家对土地资源的有效管理，但自然资源局在收到人民法院的裁定书后，一直未组织执行，其损害了国家对土地管理活动的有效进行。

综上所述，为推进法治政府建设，使国家对土地管理的法律、法规、规章能够正确贯彻实施，维护国家对土地管理活动的正常开展，促进依法行政。根据《中华人民共和国宪法》第 134 条、《人民检察院民事诉讼监督规则（试行）》第 112 条第（四）项规定，向你单位提出如下检察建议：

一、建议你单位积极履行职责，对未执行的法院裁定，积极采取有效方式进行执行。

二、建议你单位加强与县人民法院的沟通协调和继续向县人民政府对案件情况的请示汇报，建立罚、裁、执之间的工作衔接机制，确保生效的行政处罚决定得到执行，保障对土地资源行政管理活动的有序开展。

请在收到检察建议后 1 个月内将处理结果书面回复本院。

景东彝族自治县人民检察院
2019 年 10 月 28 日

> 检察建议书亮点：依法监督规范立案程序，做到法律面前人人平等。

云南省澜沧拉祜族自治县人民检察院检察建议书

澜检民（行）执监〔2019〕××号

澜沧县人民法院：

本院对澜沧县人民法院审查澜沧县国土资源局与段某某（2018）云0828非诉行审8号行政裁定一案进行了审查。本案现已审查终结。

现查明：被申请执行人段某某未经县级以上人民政府批准，于2016年10月开始擅自在澜沧县某某糖厂路口南侧，占用某某镇某某村村民刀某某的自留地建房。申请执行人澜沧县国土资源局认为段某某的行为违反了《中华人民共和国土地管理法》第43条第1款、第44条第1款之规定，作出澜国土资执罚字（2017）19号行政处罚决定书，于2017年3月29日依法向段某某送达。被申请执行人段某某在法定期限内未申请行政复议，也未向人民法院提起行政诉讼。申请执行人澜沧县国土资源局于2018年1月3日向被申请执行人段某某发出了催告通知书。澜沧县人民法院认为，申请执行人澜沧县国土资源局作出的澜国土资执罚字（2017）19号行政处罚决定书执法主体合格、认定事实清楚、适用法律正确、执法权限合法。澜沧县人民法院依照《中华人民共和国行政诉讼法》第97条，最高人民法院《关于适用〈中华人民共和国行政诉讼法〉的解释》第156条、第160条第1款，《中华人民共和国行政强制法》第44条、第53条、第57条之规定，于2018年2月24日作出（2018）云0828非诉行审8号行政裁定书，裁定准予执行申请执行人澜沧县国土资源局作出的澜国土资执罚字（2017）19号行政处罚决定。

本院认为，澜沧县人民法院在该案的审查过程中存在不应立案受理而立案受理的违法情形。

根据《中华人民共和国行政强制法》第 53 条规定："当事人在法定期限内不申请行政复议或者提起行政诉讼,又不履行行政决定的,没有行政强制执行权的行政机关可以自期限届满之日起三个月内,依照本章规定申请人民法院强制执行。"第 54 条："行政机关申请人民法院强制执行前,应当催告当事人履行义务。催告书送达十日后当事人仍未履行义务的,行政机关可以向所在地有管辖权的人民法院申请强制执行;执行对象是不动产的,向不动产所在地有管辖权的人民法院申请强制执行。"最高人民法院《关于适用〈中华人民共和国行政诉讼法〉的解释》第 156 条:"没有强制执行权的行政机关申请人民法院强制执行其行政行为,应当自被执行人的法定起诉期限届满之日起三个月内提出。逾期申请的,除有正当理由外,人民法院不予受理。"该案中,澜沧县国土资源局向段某某送达澜国土资执罚字(2017)19 号行政处罚决定书的日期为 2017 年 3 月 29 日,澜沧县国土资源局催告段某某履行行政处罚决定的日期为 2018 年 1 月 3 日(已超过法定的催告履行期),澜沧县国土资源局向澜沧县人民法院申请执行的日期为 2018 年 2 月 12 日(已超过法定申请执行期限),故澜沧县国土资源局逾期向澜沧县人民法院申请强制执行其行政行为且无正当理由,澜沧县人民法院应当不予受理,但澜沧县人民法院予以受理并作出了准予执行裁定,违反了《中华人民共和国行政强制法》第 53 条、第 57 条关于受理程序的规定。

综上所述,本案的审查过程中存在违法情形,根据《中华人民共和国行政诉讼法》第 11 条、《人民检察院行政诉讼监督规则(试行)》第 29 条第(八)项、《人民检察院检察建议工作规定》第 9 条之规定,特提出检察建议:在办理行政非诉执行案件过程中,应当严格遵守法律规定,对于符合立案条件的案件,应当及时立案受理。对于不符合立案受理的案件,应当在书面审查时及时退回行政机关不予立案受理。

请在收到检察建议后 1 个月将处理结果书面回复本院。

此致
澜沧拉祜族自治县人民法院

云南省澜沧拉祜族自治县人民检察院
2019 年 10 月 31 日

> 检察建议书亮点：督促加大依职权调查以证力度，依法整治虚假诉讼。

思茅区人民检察院
检察建议书

思检侦监建〔2019〕××号

思茅区人民法院：

　　我院在办理普洱市公安局思茅分局提请批准逮捕的唐某某、方某某等6人涉嫌虚假诉讼一案中发现，2016年3月以来，唐某某、方某某等6人在思茅区某农业开发有限公司办公室为据点进行高利放贷活动，采用空白格式借条、收条让借款人签字，出借人为空白，当借款人不能及时归还高额利息或借款后，又强迫借款人写下虚假的借条、收条进行虚增债务，实施敲诈勒索。或通过捏造民事法律关系，虚构民事纠纷向贵院提起虚假诉讼的手段诈骗当事人财物。经审查发现，唐某某、方某某等人已有多起虚假诉讼案件在贵院判决并执行，唐某某、方某某等人的行为不仅严重侵害他人合法权益，也对正常的诉讼秩序和司法权威造成损害。

　　根据《中华人民共和国刑法》第307条，最高人民法院、最高人民检察院《关于办理虚假诉讼刑事案件适用法律若干问题的解释》，最高人民法院《关于防范和制裁虚假诉讼指导意见》以及《人民检察院检察建议工作规定》相关规定，本院特向你单位建议：

　　1. 清理唐某某、方某某等人在贵院提起的民事诉讼，核实虚假诉讼案件，依法启动审判监督程序。

　　2. 在立案窗口及法庭张贴警示宣传标识，同时在"人民法院民事诉讼风险提示书"中明确告知参与虚假诉讼应当承担的法律责任，引导当事人依法行使诉权，诚信诉讼。

　　3. 在虚假诉讼高发领域的案件审理中加大对证据的审查力度。对可能存在虚假诉讼的,要适当加大依职权调查以证力度。涉嫌虚假诉讼的,应当传唤当事人本人到庭,就有关案件事实接受询问。

4. 对虚假诉讼违法行为加大惩罚力度,对涉嫌虚假诉讼罪、诈骗罪、合同诈骗罪等刑事犯罪的,民事审判部门应当依法将相关线索和有关案件材料移送侦查机关。

请贵单位在收到本检察建议后,认真研判,并及时书面向本院反馈落实情况。

思茅区人民检察院
2019 年 3 月 28 日

> 检察建议书亮点：对保证人适用法律错误以及公告送达依法监督纠正。

景东彝族自治县人民检察院
再审检察建议书

景检民（行）监〔2018〕××号

景东县人民法院：

申请人鲁某与其他当事人谢某某、杞某某民间借贷纠纷一案，不服景东县人民法院（2017）云0823民申3号民事裁定书。向本院申请监督，本院于2018年3月22日受理，本案现已审查终结：

2016年1月7日，谢某某向景东县人民法院提起民事诉讼，请求人民法院判令：杞某某归还借款本金30000元人民币，鲁某承担连带担保责任。庭审过程中，谢某某增加诉讼请求，要求杞某某支付按中国人民银行同期贷款利率计算的自2014年1月8日起至还清欠款之日止的逾期利息，并由杞某某与鲁某承担本案诉讼费。

景东县人民法院于2016年3月31日作出（2016）云0823民初10号民事判决，一审查明：2013年12月8日杞某某向谢某某借款30000元，约定借期1个月，由鲁某提供担保，现借款期限已到，杞某某未按约定偿还谢某某借款，谢某某起诉至法院，请求判令杞某某偿还借款本金30000元，及支付自2014年1月8日起至还清之日止的按人民银行同期贷款利率计算的逾期利息，并承担本案诉讼费用。景东县人民法院经审理认为：当事人应当按照约定全面履行自己的义务，本案中被告杞某某欠原告谢某某欠款应当返还。借贷双方对逾期利率未约定或者约定不明的，出借人主张借款人自逾期之日起按照借期内的利率支付资金占用期间利息的，人民法院予以支持。故原告主张被告偿还欠款本金及支付逾期利息的诉讼请求，事实清楚，证据充分，理由正当，法院予以支持。根据《中华人民共和国担保法》第21条第2款的规定："当事人对保证担保的范围没有约定或者约定不明的，保证人应当对全部债务承担责任。"故被告鲁某应当按照约定承担连带保证责任。被告杞某某、鲁某经合法传唤未到庭参加诉讼，视为放弃对原告提交的证据进行质证和提交反驳原告证据的权利，应自行承担不利的法律后果。据此，法院依据《中华人民共和国合同法》第 206 条、第 207 条，《中华人民共和国担保法》第 21 条第 2 款，最高人民法院《关于审理民间借贷案件适用法律若干问题的规定》第 29 条第 2 款第（二）项及《中华人民共和国民事诉讼法》第 64 条第 1 款、第 144 条之规定，判决：由杞某某于本判决生效后 5 日内偿还谢某某借款人民币 30000 元，及按照中国人民银行同期贷款利率计算支付自 2014 年 1 月 8 日起至偿还本金之日止的逾期利息，被告鲁某对上述款项承担连带责任。本案案件受理费 550 元，减半后收取 275 元，由杞某某、鲁某承担。

鲁某不服景东县人民法院民事判决，向景东县人民法院申请再审。请求撤销景东县人民法院（2016）云 0823 民初 10 号民事判决，景东县人民法院依法对本案提起再审。

景东县人民法院于 2018 年 2 月 26 日作出（2017）云 0823 民申 3 号民事裁定书，再审认定事实与一审基本一致。再审法院认为：法院于 2016 年 4 月 8 日采用公告送达的方式在本院公告栏上张贴公告对 2 原审被告进行送达，公告载明："自发出本公告之日起经过 60 日即为送达"，即 2016 年 6 月 6 日公告期满即为送达，应确定为再审申请人鲁某应当知道该判决，之后双方当事人在法定期限内均未提出上诉，该判决已 2016 年 6 月 21 日发生法律效力。再审申请人鲁某于 2017 年 12 月 11 日向本院提出再审申请，根据《中华人民共和国民事诉讼法》第 205 条规定当事人申请再审，应当在判决、裁定发生法律效力后 6 个月内提出。因而，鲁某的再审申请已超过法定申请再审期限。此外，再审申请人鲁某提出申请再审，未提交《中华人民共和国民事诉讼法》规定的足以推翻原判决的新的证据加以证实，本院原审根据查明的案件事实，判决由借款人偿还借款及利息，担保人承担连带责任的判决，并无不当，原判认定事实清楚，证据充分，适用法律正确，应当予以维持。综上所述，再审申请人鲁某的再审申请不符合《中华人民共和国民事诉讼法》第 200 条第（一）项、第 205 条规定的情形。依照《中华人民共和国民事诉讼法》第 204 条第 1 款、最高人民法院《关于适用〈中华人民共和国民事诉讼法〉的解释》第 395 条第 2 款之规定，裁定：驳回再审申请人鲁某的再审申请。鲁某不服再审裁定，向检察机关申请检察监督。

本院经审查认为，景东县人民法院作出（2017）云 0823 民申 3 号民事裁定书，原判决、裁定适用法律确有错误的。违反法律规定，剥夺当事人辩论权利的。理由如下：

1. 原判决、裁定适用法律确有错误。本案中杞某某于2013年12月8日向被申请人谢某某借款30000元，约定借款期限为1个月，鲁某作为保证人但未约定保证期限。根据《中华人民共和国担保法》第26条规定"连带责任保证的保证人与债权人未约定保证期间的，债权人有权自主债务履行期届满之日起六个月内要求保证人承担保证责任。在合同约定的保证期间和前款规定的保证期间，债权人未要求保证人承担保证责任的，保证人免除保证责任。"保证期间是债权人请求保证人承担保证责任的权利存续期间，债权人在保证期间内没有依法主张权利，则保证人不再承担保证责任。该案鲁某虽为连带责任的保证人，但因债权人谢某某未在主债务履行期届满之日起6个月内要求保证人承担保证责任，故鲁某已免除保证责任。法院适用《中华人民共和国担保法》第21条第2款规定"当事人对保证担保的范围没有约定或者约定不明确的保证人应当对全部债务承担责任"，明显适用法律确错误。

2. 法院违反《中华人民共和国民事诉讼法》规定，剥夺当事人辩论权利。依据《中华人民共和国民事诉讼法》第125条规定："人民法院应当在立案之日起五日内将起诉状副本发送被告，被告应当在收到之日起十五日内提出答辩状。"及《中华人民共和国民事诉讼法》第84条规定："送达诉讼文书必须有送达回证，由受送达人在送达回证上记明收到日期，签名或者盖章。"该案景东县人民法院受理后，未向被告人鲁某送达诉状副本、应诉举证通知书，该行为违反了《中华人民共和国民事诉讼法》规定，剥夺了当事人合法权利，导致鲁某不知诉讼的发生。同时依据《中华人民共和国民事诉讼法》第136条规定："人民法院审理民事案件，应当在开庭三日前通知当事人和其他诉讼参与人。公开审理的，应当公告当事人姓名、案由和开庭的时间、地点。"《中华人民共和国民事诉讼法》148条规定："人民法院对公开审理或者不公开审理的案件，一律公开宣告判决。当庭宣判的，应当在十日内发送判决书；定期宣判的，宣判后立即发给判决书。"该案景东法院未在开庭3日前通知当事人鲁某，而作出缺席判决，判决作出后又未向当事人鲁某送达，严重违反民事诉讼法的规定。景东法院2018年2月26日作出（2017）云0823民申3号民事裁定认为："法院于2016年4月8日采用公告送达的方式在本院公告栏上张贴公告对二原审被告进行送达。"景东法院采用公告送达不符合民事诉讼法规定，导致当事人鲁某无法知悉诉讼，公告送达适用于受送达人下落不明，或者用其他方式无法送达的情况下送达，该案当事人鲁某为景东县锦屏镇幼儿园老师，有固定工作地点及详细的家庭住址，送达方便，不属于下落不明情形，且该案适用简易程序进行审理，依据最高人民法院《关于适用〈中华人民共和国民事诉讼法〉的解释》第 140 条规定:"适用简易程序的案件,不适用公告送达。"据此,法院程序违法导致当事人鲁梅不知诉讼情况,剥夺、损害了其诉讼权利及合法权益。

综上所述:景东县人民法院(2017)云 0823 民申 3 号民事裁定书适用法律确有错误;违反法律规定,剥夺当事人辩论权利。经本院检察委员会讨论决定,依据《中华人民共和国民事诉讼法》第 14 条、第 200 条、第 208 条,《人民检察院民事诉讼监督规则》第 76 条、第 83 条规定,特提出再审检察建议。

请在收到后 3 个月内进行审查并将结果书面回复本院。

此致
景东彝族自治县人民法院

景东彝族自治县人民检察院
2018 年 6 月 20 日

> 检察建议书亮点：依法监督提交证据材料、缴纳诉讼费以及举证期限程序规范落实。

景东彝族自治县人民检察院
检察建议书

景东县人民法院：

本院依法对景东县人民法院审理的原告某投资有限公司与被告方某某追偿权纠纷，即（2018）云0823民初670号一案的审判活动进行了审查。

现查明：原告某投资有限公司与被告方某某追偿权纠纷一案，景东县人民法院于2018年6月13日立案受理后，依法适用普通程序公开开庭进行了审理。原告某投资有限公司委托诉讼代理人董某某到庭参加诉讼，被告方某某经法院公告送达开庭传票未到庭。景东县人民法院于2018年11月5日作出（2018）云0823民初670号民事判决书。

本院认为，（2018）云0823民初670号民事判决书不符合《中华人民共和国民事诉讼法》的规定，理由如下：一、根据《中华人民共和国民事诉讼法》第66条规定"人民法院收到当事人提交的证据材料，应当出具收据，写明证据名称、页数、份数、原件或者复印件以及收到时间等，并由经办人员签名或者盖章"。本案中景东县人民法院对当事人提交的证据材料，相关收据没有经办人员签名或者盖章。二、依据《诉讼费用交纳办法》第53条规定"案件审结后，人民法院应当将诉讼费用的详细清单和当事人应当负担的数额书面通知当事人，同时在判决书、裁定书或者调解书中写明当事人各方应当负担的数额。需要向当事人退还诉讼费用的，人民法院应当自法律文书生效之日起15日内退还有关当事人的规定"。本案既无诉讼费用书面通知又未在法律文书生效之日起15日内退还相关当事人费用材料及证明。三、依据《中华人民共和国民事诉讼法》第125条规定"人民法院应当在立案之日起五日内将起诉状副本发送被告，被告应当在收到之日起十五日内提出答辩状"。该案景东县人民法院于2018年6月13日受理后，于2018年7月2日才向被告公告送达诉状副本、应诉举证通知书，该行为违反了《中华人民共和国民事诉讼法》规定，剥夺了当事人合法权利。

综上所述，依照《中华人民共和国民事诉讼法》第 208 条第 3 款、《人民检察院民事诉讼监督规则（试行）》第 99 条第（十三）项之规定，特提出检察建议：建议你院严格执行《中华人民共和国民事诉讼法》的规定，避免因程序不到位而造成严重后果。

请在收到检察建议后 1 个月内将处理结果书面回复本院。

此致
景东县人民法院

景东彝族自治县人民检察院
2019 年 12 月 10 日

> 检察建议书亮点：监督纠正高利贷"砍头息"和高额利息，维护民间借贷正常秩序。

景谷傣族彝族自治县人民检察院
再审检察建议书

景检民（行）监〔2017〕××号

景东县人民法院：

　　杨某某因与殷某某、景谷某某有限公司、崔某某民间借贷纠纷一案，不服景谷县人民法院（2013）景民初字第××号民事判决，向本院申请监督。本案现已审查终结。

　　2013年9月16日，原告殷某某起诉至景谷县人民法院，诉请：1.判令被告景谷某某有限公司、崔某某偿还借款本金及利息118000元。并支付自2012年6月20日起至2013年12月30日止，按银行同期贷款利率计算逾期利息共计131837元。2.被告杨某某承担连带责任。3.案件受理费由被告承担。

　　景谷县人民法院于2014年6月19日作出（2013）景民初字第××号民事判决。该院一审查明，被告景谷某某有限公司的法定代表人为徐某某，被告崔某某系该公司职员。2011年12月20日，被告景谷某某有限公司因扩展业务急需资金，遂与被告崔某某共同向原告殷某某借款，并出具借条1份，其上载明：今借到殷某某人民币118000.00元，借款期限为6个月。原告殷某某与被告崔某某自认预先在本金中扣除利息18000.00元，实际交付的现金为100000.00元，约定利息为3分。同时，杨某某亦在借条上担保人位置签名并捺印。还款期限届满后，被告景谷某某有限公司、崔某某未偿还借款。另查明，被告景谷某某有限公司法定代表人徐某某持有镇沅某开发有限公司的印章，在出具的借条上，借款单位处落款为景谷某某有限公司，所盖印章为镇沅某种植有限公司，所盖印章有误。

　　该院一审认为：1.关于本案借款本金数额认定的问题。根据《中华人民共和国合同法》第 200 条规定:"借款的利息不得超过预先在本金中扣除。利息预先在本金中扣除的,应当按照实际借款数额返还借款并计算利息。"本案中,原告殷某某、被告崔某某认可实际交付借款的数额为 100000.00 元,借条上的金额 118000.00 元包含了预先在本金中扣除的利息 18000.00 元,因此对原告请求被告返还的借款本金应按实际交付数额 100000.00 元予以确定。

2. 关于双方约定的借款利息及逾期利息是否应得到支持的问题。本案经庭审确认原、被告双方的借款本金数额为 100000.00 元。关于利息部分,应区分为借款期间的利息及逾期还款利息。一是关于借款期间的利息问题。《中华人民共和国合同法》第 211 条第 2 款规定:"自然人之间的借款合同约定支付利息的,借款的利率不得违反国家有关限制借款利率的规定。"最高人民法院《关于人民法院审理借贷案件的若干意见》第 6 条款规定:"民间借贷的利率可以适当高于银行的利率,各地人民法院可以根据本地区的实际情况具体掌握,但最高不得超过银行同类贷款利率的 4 倍(包含利率本数)。超出此限度的,超出部分的利息不予保护。"本案在庭审中查明,原告殷某某、被告崔某某对借款利率约定已超过银行同类贷款利率的四倍,故对于原告诉请的借款期间的利息,该院按 100000.00 元借款本金,参照云南省农村信用合作联社同类贷款利率计算支持原告借款 6 个月的利息,即 100000.00 元 × 7.9333‰/月 × 6 个月 = 4759.98 元,本息合计为 104759.98 元。二是关于逾期还款的利息问题。《中华人民共和国合同法》第 207 条规定:"借款人未按照约定的期限返还借款的,应当按照约定或者国家有关规定支付逾期利息。"本案中,原、被告约定的借款期限为 6 个月,即自 2011 年 12 月 20 日起计算,借款到期时间为 2012 年 6 月 20 日,被告未按照约定的借款期限返还借款,应当自 2012 年 6 月 20 日起至原告主张的 2013 年 12 月 30 日止,参照云南省农村信用合作联社同类贷款利率支付逾期利息 16428.98 元,即 104759.98 元 × 8.7125‰/月 × 18 个月 = 16428.98 元。综上所述,该院认定本息共计 121188.96 元,即本金 100000.00 元 + 借款期间利息 4759.98 元 + 逾期还款利息 16428.98 元。

3. 关于被告崔某某是否应当承担还款责任的问题。该院认为,借条是证明双方当事人存在借贷合意和借贷关系实际发生的直接依据。依法成立的民间借贷合同,自款项实际交付借款人时生效。本案中,被告景谷某某有限公司法定代表人徐某某因公司资金周转需要,和公司职工崔某某于 2011 年 12 月 20 日共同向原告殷某某借款 100000.00 元,款于当天交付,并出具了借条,被告崔某某对借款并出具借条给殷某某的事实无异议,该院认为双方的借贷关系成立,合法有效,受法律保护。被告崔某某辩称此借款系徐某某的公司周转资金所用,其辞职时约定公司一切债务与自己无关,根据《中华人民共和国合同法》第 84 条的规定:"债务人将合同义务全部或者部分转移给第三人的,应当经债权人同意。"被告崔某某未提供相应证据证实债务转移给景谷某某有限公司已经债权人殷某某同意,故对其辩解该院不予采信,崔某某依法应承担还款责任。

4. 关于被告杨某某是否应承担担保责任的问题。根据《中华人民共和国担保法》第 2 条第 1 款的规定:"在借贷、买卖、货物运输、加工承揽等经济活动中,债权人需要以担保方式保障其债权实现的,可以依照本法规定设定担保。"本案中,原告殷某某诉称在借款时为了保障其债权的实现,要求被告景谷某某有限公司及崔某某提供担保,被告崔某某在庭审中述称当时要求杨某某签字的目的及用意是为债务人提供担保。被告杨某某作为完全民事行为能力人,其在借条保证人位置签名,对签名的真实性予以认可,且未能提供证据证实其在借条担保人位置签字系受被告景谷某某有限公司和崔某某欺诈所致,对其辩称签字时未看清具体内容,未为债务提供担保的辩解,因未能提供相关证据予以佐证,根据最高人民法院《关于民事诉讼证据的若干规定》第 2 条、第 76 条的规定,对其辩解该院不予采信。最高人民法院《关于适用〈中华人民共和国担保法〉若干问题的解释》第 22 条第 2 款的规定:"主合同中虽然没有保证条款,但是,保证人在主合同上以保证人的身份签字或者盖章的,保证合同成立。"综上所述,被告杨某某应承担担保责任。《中华人民共和国担保法》第 19 条规定:"当事人对保证方式没有约定或者约定不明确的,按照连带责任保证承担保证责任。"第 21 条规定:"保证担保的范围包括主债权及利息、违约金、损害赔偿金和实现债权的费用。保证合同另有约定的,按照约定。当事人对保证担保的范围没有约定或者约定不明确的,保证人应当对全部债务承担责任。"本案中,双方当事人对保证方式及担保范围未进行明确约定,被告杨某某依法应对被告景谷某某有限公司、崔某某向原告殷某某的借款本金及利息承担连带保证责任。被告杨某某承担保证责任后,有权向被告景谷某某有限公司、崔某某追偿。该院认为,原告殷某某提交的证据来源及形式合法,内容客观真实,与本案具有关联性,予以采信。被告崔某某提交的证据与本案没有关联性,不予采信。

综上所述,依照《中华人民共和国合同法》第 84 条、第 198 条、第 200 条、第 207 条、第 210 条、第 211 条第 2 款,《中华人民共和国担保法》第 2 条第 1 款、第 19 条、第 21 条、第 30 条,最高人民法院《关于适用〈中华人民共和国担保法〉若干问题的解释》第 22 条第 2 款,《中华人民共和国民事诉讼法》第 144 条的规定,判决:1. 由被告景谷某某有限公司、崔某某偿还被告殷某某借款本息共计 121188.96 元。该款于判决生效后 10 日内付清。2. 由被告杨某某承担连带赔偿责任。如未按本判决指定的期间履行给付金钱义务,应当依照《中华人民共和国民事诉讼法》第 253 条之规定,加倍支付迟延履行期间的债务利息。案件受理费 2974.00 元,由被告景谷某某有限公司和崔某某承担。

判决生效后,双方当事人都没有上诉,后杨某某不服一审判决,向景谷县人民法院申请再审，请求：一、撤销景谷县人民法院（2013）景民初字第××号民事判决书，重新审理本案；二、改判杨某某不承担责任。

景谷县人民法院于 2017 年 5 月 31 日作出（2017）云 0824 民申××号民事裁定，认为：当事人申请再审，应当在判决、裁定发生法律效力后 6 个月内提出，有《中华人民共和国民事诉讼法》第 200 条第（一）项、第（三）项、第（十二）项、第（十三）项规定情形的，自知道或者应当知道之日起 6 个月内提出。本案中本院于 2014 年 6 月 19 日作出的（2013）景民初字第××号民事判决，该判决已于 2014 年 9 月 8 日发生法律效力，杨某某应最迟于 2015 年 3 月 7 日提出再审申请，但杨某某于 2017 年 3 月 16 日才提出再审申请，再审申请已超过应在判决发生法律效力后 6 个月内提出的法律规定。杨某某亦未提供证据证实再审申请符合《中华人民共和国民事诉讼法》第 205 条中规定的特殊情形，自知道或者应当知道之日起 6 个月内提出再审申请的法定情形。综上，裁定驳回杨某某的再审申请。

杨某某不服再审裁定，向检察机关申请监督。

本院审查认定的事实与景谷县人民法院认定的事实基本一致，即：2011 年，景谷某某有限公司法定代表人徐某某和该公司职员崔某某以公司扩展业务急需资金为由向殷某某借款，并出具借条 1 份。其上载明：今借到殷某某人民币 118000.00 元，借款期限为 6 个月。殷某某与崔某某自认预先在本金中扣除利息 18000.00 元，实际交付的现金为 100000.00 元，约定利息为 3 分。同时，杨某某亦在借条上担保人位置签名并捺印。还款期限届满后，景谷某某有限公司、崔某某未偿还借款。殷某某遂向人民法院提起诉讼。另查明，景谷某某有限公司法定代表人徐某某持有镇沅某开发有限公司的印章，在出具的借条上，借款单位处落款为景谷某某有限公司，所盖印章为镇沅某种植有限公司，所盖印章应为有误。

本院审查认定的事实与景谷县人民法院认定的事实不一致的是：当事人双方借款时间不同，法院认定的是 2011 年 12 月 20 日，本院认定的是 2011 年 2 月 19 日。

本院经审查认为，景谷县人民法院（2013）景民初字第××号民事判决认定事实不清、证据不足并且适用法律错误。主要理由如下：

一、认定事实不清、证据不足

一是本案认定原被告借款的时间是以复印件借条上书写的时间认定的，而此借条上借款的时间是有明显的添加和涂改的痕迹。在庭审时，被告崔某某一直陈述的是先借款后在景谷某某有限公司辞职，提交的证据辞职书因与本案无关联性而不采信，但其辞职书上的辞职日期是在 2011 年 2 月 25 日提出，公司法定代表人徐某某批复意见为："同意崔某某的意见退出，一切债务与崔某某无关。"并加盖有公司公章。落款日期为 2011 年 2 月 26 日。辞职日期和批复落款日期均没有改过痕迹，并出自不同的两人亲笔书写，其证明力度应当大于当天庭审时崔某某自认的辞职书上日期是笔误，应为 2012 年 2 月的陈述。二是法院采信的原告殷某某提交的景谷县公安局威远派出所 2013 年 4 月 24 日出具的证明。从证明的内容上看，不仅证明了徐某某下落不明，还证实了下落不明的日期是 2011 年 8 月后，这与景谷县法院认定的原被告于 2011 年 12 月 20 日借款的事实自相矛盾。三是原告殷某某提交法院的民事起诉状中，借款时间仍有改过的痕迹。打印字体是 2011 年 2 月 20 日，书写字体"1"在 2 月的前面有明显添加痕迹。根据最高人民法院《关于民事诉讼证据的若干规定》第 73 条之规定，应当认定双方当事人借款时间是在崔某某向景谷某某有限公司辞职时间 2011 年 2 月 25 日之前即为 2011 年 2 月 19 日。

二、适用法律错误

本案庭审法庭调查时，就原告殷某某是否主张过被告杨某某的担保责任进行调查，但仅能证实借款期限到后，原告要约被告到芒冒向徐某某催还款的事实，且无具体时间。并不能证实原告在借款期限到后 6 个月内向被告杨某某主张过担保责任。原告殷某某 2013 年 9 月才起诉也无其他证据证实借款到期后 6 个月内向被告杨某某主张过担保责任。原告殷某某应承担举证不能的责任。应适用《中华人民共和国担保法》第 26 条"连带责任保证的保证人与债权人未约定保证期间的，债权人有权自主债务履行期届满之日起六个月内要求保证人承担保证责任。在合同约定的保证期间和前款规定的保证期间，债权人未要求保证人承担保证责任的，保证人免除保证责任"的规定。而不是适用《中华人民共和国担保法》第 2 条第 1 款、第 19 条、第 21 条、第 31 条，最高人民法院《关于适用〈中华人民共和国担保法〉若干问题的解释》第 22 条第 2 款等的相关规定。

综上所述，景谷县人民法院（2013）景民初字第××号民事判决认定事实不清，证据不足，适用法律错误。经本院检察委员会讨论决定，根据《中华人民共和国民事诉讼法》第 200 条第（二）项、第（六）项及《中华人民共和国民事诉讼法》第 208 条第 2 款的规定，特提出再审检察建议，请在收到后 3 个月内将审查结果书面回复本院。

此致
景谷傣族彝族自治县人民法院

景谷傣族彝族自治县人民检察院
2018 年 12 月 21 日

> 检察建议书亮点：依法规范送达程序，维护司法程序公正及当事人合法诉讼权利。

景谷傣族彝族自治县人民检察院检察建议书

景检民（行）违监〔2019〕××号

景谷县人民法院：

　　本院依法对景谷傣族彝族自治县（以下简称景谷县）人民法院审理的镇沅县振太乡某某加油站与镇沅县工业商务和信息化局（以下简称工信局）、中国石化销售有限公司云南普洱石油分公司（以下简称中石化普洱分公司）其他行政管理要求履行义务纠纷一案（2017）云0824行初17号行政判决的审判活动进行审查。本案现已审查终结。

　　现查明：原告镇沅县振太乡某某加油站与被告工信局、第三人中石化普洱分公司其他行政管理要求履行义务纠纷一案，原告镇沅县振太乡某某加油站于2017年9月7日向景谷县人民法院起诉，景谷县人民法院于2017年9月7日对该案件立案受理。于2017年10月13日向中石化普洱分公司送达行政起诉状、应诉通知书，但对中石化普洱分公司的应诉通知书景谷县人民法院于2017年11月6日才作出。于2017年11月6日作出行政案件合议庭组成人员及书记员告知书，但于2017年12月5日才向镇沅县振太乡某某加油站送达合议庭组成人员及书记员告知书，2017年11月23日向镇沅县工业商务和信息化局送达合议庭组成人员及书记员告知书，2017年11月13日向中石化普洱分公司送达合议庭组成人员及书记员告知书。于2018年2月22日作出（2017）云0824行初17号行政判决。

　　本院认为，1.根据《中华人民共和国行政诉讼法》第67条："人民法院应当在立案之日起五日内，将起诉状副本发送被告。被告应当在收到起诉状副本之日起十五日内向人民法院提交作出行政行为的证据和所依据的规范性文件，并提出答辩状。人民法院应当在收到答辩状之日起五日内，将答辩状副本发送原告。"的规定，景谷县人民法院于2017年9月7日对该案件立案受理，但于2017年10月13日才向中石化普洱分公司送达起诉状副本，于2017年11月6日才作出对中石化普洱分公司的应诉通知书。景谷县人民法院于2017年10月13日就向中石化普洱分公司送达应诉通知书的行为，存在文书作出时间与送达文书时间逻辑上的不对应，即送达文书在前，文书作出在后的违法行为，违反了该条法律的规定。2. 根据《中华人民共和国行政诉讼法》第101条："人民法院审理行政案件，关于期间、送达、财产保全、开庭审理、调解、中止诉讼、终结诉讼、简易程序、执行等，以及人民检察院对行政案件受理、审理、裁判、执行的监督，本法没有规定的，适用《中华人民共和国民事诉讼法》的相关规定。"及《中华人民共和国民事诉讼法》第128条"合议庭组成人员确定后，应当在三日内告知当事人。"的规定，景谷县人民法院于2017年11月6日作出行政案件合议庭组成人员及书记员告知书，但于2017年11月13日才向中石化普洱分公司送达合议庭组成人员及书记员告知书；于2017年11月23日才向镇沅县工业商务和信息化局送达合议庭组成人员及书记员告知书，于2017年12月5日才向镇沅县振太乡某某加油站送达合议庭组成人员及书记员告知书的行为违反了该条法律的规定。

综上所述，景谷县人民法院（2017）云0824行初17号行政判决的审判活动存在违法情形。根据《中华人民共和国行政诉讼法》第93条第3款的规定，特向你院提出检察建议，建议你院在行政审判活动中要严格依照法律规定来办理案件，以维护司法程序公正及当事人的诉讼权利。

请在收到检察建议后1个月内将处理结果书面回复本院。

此致
景谷傣族彝族自治县人民法院

景谷傣族彝族自治县人民检察院
2019年12月30日

> 检察建议书亮点：规范执行程序，依法收缴迟延履行利息或迟延履行金。

西盟佤族自治县人民检察院
检察建议书

西检民（行）执监〔2019〕××号

西盟佤族自治县人民法院：

　　本院在履行工作职责中，对你院办理叶某滥伐林木（2018）云0829执6号非诉执行一案进行了审查。本案现已审查终结。

　　经审查：发现你院在办理该非诉执行一案中存在如下情形：一是依据最高人民法院《关于适用〈中华人民共和国民事诉讼法〉若干问题的解释》第482条第2款规定："执行通知中除应责令被执行人履行法律文书确定的义务外，还应通知其承担民事诉讼法第253条规定的被执行人未按判决、裁定和其它法律文书指定的期间履行给付金钱义务，应当加倍支付迟延履行期间的债务利息。被执行人未按判决、裁定和其它法律文书指定的期间履行其他义务的，应当支付迟延履行金。"该案中你院向被执行人叶某发出的执行通知书中未通知被执行人应承担《中华人民共和国民事诉讼法》第253条规定的迟延履行利息或迟延履行金。二是依据《中华人民共和国民事诉讼法》第228条规定："执行工作由执行员进行。采取强制执行措施时，执行员应当出示证件。执行完毕后，应当将执行情况制作笔录，由在场的有关人员签名或者盖章。"该案中的执行笔录无执行员的签名或盖章。

　　综上所述，你院在办理叶某滥伐林木（2018）云0829执6号非诉执行一案中存在未通知被执行人应承担《中华人民共和国民事诉讼法》第253条规定的迟延履行利息或迟延履行金和执行笔录无执行员的签名或盖章的情形。根据《中华人民共和国民事诉讼法》第235条的规定，特向你院提出检察建议。

　　建议在今后办案中严格按照《中华人民共和国民事诉讼法》、最高人民法院

《关于适用〈中华人民共和国民事诉讼法〉若干问题的解释》、最高人民法院《关于人民法院执行工作若干问题的规定（试行）》相关规定规范执行。

请在收到检察建议后1个月内将处理结果书面回复本院。

西盟佤族自治县人民检察院

2019 年 7 月 26 日

> 检察建议书亮点：监督纠正执行适用法律错误，规范执行程序。

云南省澜沧拉祜族自治县人民检察院
检察建议书

澜检民（行）执监〔2019〕××号

澜沧县人民法院：

本院发现澜沧县人民法院在执行李某与彭某某排除妨害纠纷（2018）云0828民初×××号民事判决一案的执行活动中存在违法情形，决定予以审查。本案现已审查终结。

现查明：李某与彭某某排除妨害纠纷一案，澜沧县人民法院于2018年9月10日作出（2018）云0828民初×××号民事判决书。判决书发生效力后，彭某某未能履行生效法律文书确定的义务。2018年11月13日李某向澜沧县人民法院申请强制执行已生效的判决书，请求彭某某停止侵权，恢复土地原状。澜沧县人民法院当日依法立案受理，并于2018年12月20日向被执行人彭某某送达执行通知书，责令被执行人彭某某立即停止侵权，恢复土地原状，负担执行费500元、诉讼费75元，共计575元。因本案案情疑难、复杂，2019年5月10日澜沧县人民法院依法将本案的审理期限延长3个月。在本案的执行过程中，经澜沧县人民法院采取措施，双方当事人于2019年6月12日协商自愿达成如下和解协议：一、被执行人彭某某立即停止对申请执行人李某位于澜沧县某某镇某某村某某某小组地名为"老学校地"10亩承包地的侵权；二、被执行人彭某某应恢复原状的土地，经被执行人彭某某向申请执行人李某支付4000元补偿费用后，由李某自行恢复原状。2019年6月12日澜沧县人民法院作出（2018）云0828执×××号结案通知书，本案执行完毕，依法结案。

本院认为，本案的执行活动中存在以下违法情形：

1.2018年11月13日李某向澜沧县人民法院申请强制执行已生效的判决

书,请求彭某某停止侵权,恢复土地原状。澜沧县人民法院当日依法立案受理,2018年12月20日向被执行人彭某某送达执行通知书。依据《中华人民共和国民事诉讼法》第84条第2款规定:"受送达人在送达回证上的签收日期为送达日期。"最高人民法院《关于适用〈中华人民共和国民事诉讼法〉的解释》第482条规定:"人民法院应当在收到申请执行书或者移交执行书后十日内发出执行通知。执行通知中除应责令被执行人履行法律文书确定的义务外,还应通知其承担民事诉讼法第253条规定的迟延履行利息或者迟延履行金。"该案中澜沧县人民法院未在法定期限10日内向被执行人发出执行通知书,且在执行通知书中,未通知被执行人应承担《中华人民共和国民事诉讼法》第253条规定的迟延履行金。

2. 执行通知书中引用最高人民法院《关于人民法院执行工作若干问题的规定(试行)》第24条有误。最高人民法院《关于适用〈中华人民共和国民事诉讼法〉的解释》第482条规定:"人民法院应当在收到申请执行书或移交执行书后十日内发出执行通知。……"该解释第552条的规定:"……最高人民法院以前发布的司法解释与本解释不一致的,不再适用。"据此,本案的执行通知书中应引用最高人民法院《关于适用〈中华人民共和国民事诉讼法〉的解释》第482条的相关规定。

3. 提供被执行人财产状况通知书中引用最高人民法院《关于人民法院执行工作若干问题的规定(试行)》第28条第1款有误。最高人民法院《关于民事执行中财产调查若干问题的规定》(法释〔2017〕8号)第1条、第2条对申请执行人向人民法院提供其所了解的被执行人的财产线索和被执行人必须如实向人民法院报告其财产状况作出了规定。最高人民法院《关于民事执行中财产调查若干问题的规定》(法释〔2017〕8号)第26条第2款的规定:"本规定施行后,本院以前公布的司法解释与本规定不一致的,以本规定为准。"据此,本案的提供被执行人财产状况通知书中应引用最高人民法院《关于民事执行中财产调查若干问题的规定》第1条、第2条的相关规定。

4. 报告财产令中引用最高人民法院《关于适用〈中华人民共和国民事诉讼法〉执行程序若干问题的解释》(法释〔2008〕13号)第31条、第32条、第33条有误。最高人民法院《关于适用〈中华人民共和国民事诉讼法〉执行程序若干问题的解释》(法释〔2008〕13号)是依据2007年10月修改后的《中华人民共和国民事诉讼法》制定的司法解释。2012年8月31日全国人大常委会已对《中华人民共和国民事诉讼法》进行了第二次修正。根据《最高人民法院关于民事执行中财产调查若干问题的规定》(法释〔2017〕8号)第26条第2款的规定:"本规定施行后,本院以前公布的司法解释与本规定不一致的,以本规定为准。"据此,本案的报告财产令中应引用最高人民法院《关于民事执行中财产调查若干问题的规定》第 3 条、第 4 条、第 5 条、第 6 条、第 7 条的相关规定。

综上所述,本案的执行活动中存在违法情形,依据《中华人民共和国民事诉讼法》第 235 条规定,特提出检察建议:建议你院在执行案件过程中,严格依照《中华人民共和民事诉讼法》及司法解释等执行的相关规定,规范执行行为,充分保障当事人的权利。

请在收到检察建议后两个月内将处理结果书面回复本院。

此致
澜沧拉祜族自治县人民法院

云南省澜沧拉祜族自治县人民检察院
2019 年 11 月 21 日

> 检察建议书亮点：监督规范自行和解协议执行程序，稳固和解效力效果。

景谷傣族彝族自治县人民检察院
检察建议书

景检民（行）执监〔2017〕××号

景谷县人民法院：

　　本院依法对景谷县人民法院王某某与刘某某债务纠纷一案（2016）云0824执恢××号民事裁定书的执行活动进行了审查。本案现已审查终结。

　　现查明：王某某与刘某某债务纠纷一案，经景谷县人民法院作出（1999）景民初字第××号民事判决，申请人王某某于2016年9月6日向景谷县人民法院申请恢复执行（1999）景民初字第××号民事判决书中的内容，景谷县人民法院于2016年9月6日立案受理该案件，于2016年9月6日作出执行通知书，于当日向被执行人刘某某送达，于2016年9月1日达成仅有王某某一方在场、签字的执行和解协议书，后于2016年9月8日作出（2016）云0824执恢××号民事裁定。

　　本院认为，1. 根据《中华人民共和国民事诉讼法》第230条"在执行中，双方当事人自行和解达成协议的，执行员应当将协议内容记入笔录，由双方当事人签名或者盖章。"的规定，景谷县人民法院没有组织申请执行人及被执行人双方在场并签字的情况下，仅以申请人王某某一方在场并签字就达成和解协议的行为违反了该条法律的规定。

　　2. 执行人员在收取被执行人刘某某20000元现金执行款时，没有将收款情况记入笔录，没有向付款人出具收款收据的行为，违反了最高人民法院《关于执行款物管理工作的规定》第5条"被执行人直接向法院支付现金或票据的，执行人员应当会同被执行人将现金或者票据交本院财务部门，财务部门应当出具收款凭据。"第6条"执行中确需执行人员直接代收现金或者票据的，应当不少于两名执行人员在场，即时向付款人出具收据，并将收款情况记入笔录并由付款人签名。"的规定。

综上所述，景谷县人民法院（2016）云 0824 执恢××号民事裁定书执行活动存在违反相关规定的行为。根据《中华人民共和国民事诉讼法》、最高人民法院《关于执行款物管理工作的规定》的相关规定，规范执行行为，以充分保障当事人的权利。

请在收到检察建议后 1 个月将处理结果书面回复本院。

此致
景谷傣族彝族自治县人民法院

景谷傣族彝族自治县人民检察院
2017 年 11 月 7 日

六、做实行政检察，促进依法行政

> 检察建议书亮点：规范案件查办、取证和执法程序，依法保障行政相对人合法权益。

云南省普洱市人民检察院
检察建议书

普检行执监〔2019〕××号

普洱市自然资源和规划局：

本院在全国检察机关开展民事行政非诉执行监督专项活动中，发现原普洱市国土资源局在办理莫某某非法占用土地行政处罚、申请人民法院强制执行一案（执法卷宗：普国土资执〔2017〕第2-06号）过程中存在不依法履职情形。经本院调查，现查明：

一、查处案件需更加及时

卫片信息利用不及时、土地巡查不到位，致线索发现、查处不及时，导致莫某某违法占用土地建房已竣工，给处罚纠正其违法行为增加了困难。

普洱市国土资源局在2016年度土地卫片检查中就已发现，有人未经批准擅自在思茅区南屏镇曼联村土桥小组朱家箐集体土地上施工建房，但到2017年4月26日，普洱市国土资源局执法监察支队、思茅分局及国土所工作人员才前往调查，查明是莫某某于2015年11月起擅自非法占用集体土地施工建房，建筑占地面积为849.82平方米，用于居住和出租。其行为与《国土资源行政处罚办法》第11条："国土资源主管部门发现自然人、法人或者其他组织行为涉嫌违法的，应当及时核查。对正在实施的违法行为，应当依法及时下达《责令停止违法行为通知书》予以制止"的规定不符。

二、取证需进一步规范

（一）制作询问笔录不够规范

2017年5月20日，普洱市国土资源局办案人员询问莫某某并制作《国土资源违法案件询问笔录》，未让其对涂改部分按手印；未逐页签名、签署时间并按手印；未注明总页数和页码。制作笔录与《国土资源违法行为查处工作规程》8.2.4.5："应当将《询问笔录》交被询问人核对。被询问人阅读有困难的，应当向其宣读。笔录如有差错、遗漏，应当允许被询问人更正或者补充，涂改部分应当由被询问人按手印。经核对无误后，由被询问人在《询问笔录》上逐页签名、按手印、签署姓名和时间，并按手印。《询问笔录》应当注明总页数和页码"的规定不符。由于该证据客观性存疑，不具有证据能力。

（二）证明案件事实的照片需要进一步规范提取，才具有证据能力

卷宗内所附照片：无拍摄人签名、无制作过程、证明目的等的说明，无照片内容真实性被认可的语言，无核对人和复核人签名，反映不出取证合法性；反映不出是否经原件持有人核对无误等。与最高人民法院《关于行政诉讼证据若干问题的规定》（法释〔2002〕21号）第11条第（一）项规定"提供原物确有困难的，可以提供与原物核对无误的复制件或者证明该物证的照片、录像等其他证据"的规定不符。

三、执法程序和适用法律需更加严格

（一）保障行政相对人权利不到位

在作出行政处罚决定之前，未保证莫某某3个工作日提出申请陈述、申辩及要求举行听证的权利。

2017年7月17日，普洱市国土资源局对莫某某作出《国土资源行政处罚告知书》和《行政处罚听证告知书》，当日送达，2017年7月20日，就作出《行政处罚决定书》。其行为与《中华人民共和国行政处罚法》第6条"公民、法人或者其他组织对行政机关所给予的行政处罚，享有陈述权、申辩权"；第42条"听证依照以下程序组织：（一）当事人要求听证的，应当在行政机关告知后三日内提出"、《国土资源行政处罚办法》第27条"违法行为依法需要给予行政处罚的，国土资源主管部门应当制作《行政处罚告知书》，按照法律规定的方式，送达当事人。当事人有权进行陈述和申辩。陈述和申辩应当在收到《行政处罚告知书》后三个工作日内提出。口头形式提出的，案件承办人员应当制作笔录"、《中华人民共和国民事诉讼法》第82条："期间开始的时和日，不计算在期间内"、《国土资源违法行为查处工作规程》19.1"期间以时、日、月、年计算。期间开始的时和日不计算在期间内"的规定不符。

根据上述规定，普洱市国土资源局对莫某某非法占用土地行为只能于

2017年7月21日以后作出行政处罚决定书。

（二）将催告作为督促履行行政处罚的措施不适当

2017年8月23日留置送达《履行行政处罚决定催告书》（普国土资执催告字〔2017〕2-06号），催告书载明："本催告书送达十日后，如你户未履行，我局将申请普洱市思茅区人民法院强制执行。"与2017年7月22日留置送达《行政处罚决定书》，载明："你户如不服本处罚决定，可以在收到本处罚决定书之日起60日内依法向本级人民政府或上级业务机关申请行政复议，或者6个月内直接向普洱市思茅区人民法院提起诉讼。逾期不申请行政复议，不提起行政诉讼，又不履行本行政处罚决定的，我局将依法申请人民法院强制执行"相矛盾。

本案由于被处罚人未申请行政复议，因而其提起行政诉讼的期限届满日应为2018年1月22日，之后才能进行催告。办案中，把期限届满后申请强制执行前的催告，作为期限届满之前督促履行行政处罚措施使用，于法无据。

（三）法律文书留置送达不够规范

普洱市国土资源局于2017年7月22日送达的《行政处罚决定书》、2017年8月23日及2018年4月3日两次送达的的《履行行政处罚决定催告书》，送达方式均为留置送达，但未附有相关的图片、拒收理由及见证人证实。其行为与《中华人民共和国民事诉讼法》第86条"可以把诉讼文书留在受送达人的住所，并采用拍照、录像等方式记录送达过程，即视为送达。受送达人或者他的同住成年家属拒绝接收诉讼文书的，送达人可以邀请有关基层组织或者所在单位的代表到场，说明情况，在送达回证上记明拒收事由和日期，由送达人、见证人签名或者盖章，把诉讼文书留在受送达人的住所"、《国土资源违法行为查处工作规程》13.2："受送达人或者其同住成年家属拒绝接收法律文书的，送达人可以邀请有关基层组织或者所在单位的代表到场，说明情况，在送达回证上记明拒收事由和日期，由送达人、见证人签名或者盖章，把法律文书留在受送达人的住所或者张贴在违法用地现场，并采用拍照、录像等方式记录送达过程，即视为送达"的规定不符。该送达无效直接导致向人民法院申请强制执行不符合条件。

（四）未及时催告和申请强制执行

莫某某提起行政诉讼的期限2018年1月22日届满，期限满就应当积极履行催告程序，经催告满10日后，若莫某某不履行行政处罚决定，即可向人民法院申请强制执行。本案到2018年4月3日才留置送达《履行行政处罚决定催告书》，2018年4月17日向法院提交强制执行申请，2018年5月16日法院裁定准许撤回申请。如果再次申请人民法院强制执行，就会超出申请期间，涉及申请理由是否正当、法院是否受理的问题（省高院及思茅区法院行政庭的相关领导意见：申请强制执行受理期限应当在行政处罚决定书送达当事人起9个月内，超过期限一般情况不受理），给落实行政处罚决定增加了困难。

（五）未反映出撤回强制执行申请后开展的相关工作

思茅区人民法院行政裁定书记载，根据申请执行人普洱市国土资源局2018年5月16日以需要进一步完善案件材料及执法程序为由，申请撤回强制执行申请，法院审查后于2018年5月16日裁定准许撤回。撤回后未反映进一步完善案件材料及执法程序做了哪些工作。

四、执法档案管理需进一步严格、规范

卷宗内未附申请强制执行相关的部分材料，卷宗目录与卷内材料有的不一致。未附：申请执行书、单位法定代表人证明、委托授权书、法定代表人居民身份证复印件、受委托人居民身份证复印件、单位统一社会信用代码证书等。其行为与《国土资源违法行为查处工作规程》17.2："所有归档材料，应当合法、完整、真实、准确，文字清楚，日期完备。案卷应当标注总页码和分页码，加盖档号章"的规定不符。

以上事实有：从普洱市国土资源局复印提取：对莫某某非法占地执法卷宗普国土资执〔2017〕第2-06号及思茅区人民法院（2018）云0802行非执5号行政裁定书等相关材料证实。

本院认为：根据《云南省土地管理实施办法》第4条及《普洱市国土资源局主要职责内设机构和人员编制规定》之规定，你单位作为思茅区辖区的土地管理部门，在辖区内出现非法占用土地的违法行为时，应当根据《中华人民共和国行政诉讼法》《中华人民共和国民事诉讼法》《中华人民共和国行政处罚法》《国土资源行政处罚办法》《国土资源执法监督规定》《国土资源违法行为查处工作规程》等规定，积极组织人员，全面、客观收集案件证据并进行行政处罚，对在法定期限内拒不执行行政处罚决定又不提起诉讼的，依法申请人民法院强制执行，消除土地被非法占用的状态，以实现国家对土地资源的有效管理。

但你单位在发现莫某某非法占用土地违法行为后，存在查处不及时、取证不够规范、权利保障不到位、催告不规范不及时、申请强制执行不及时、送达法律文书不规范、执法档案管理不规范等行为。最终导致法院作出［（2018）云0802行非执5号］行政裁定书准许撤回强制执行申请。莫某某非法占用土地违法行为至今未能消除，损害了国家对土地管理活动的有效进行，给当地造成不良的影响。

本院为督促你单位切实履行职责，维护国土资源不受侵害，根据《人民检察院行政诉讼监督规则（试行）》第 34 条、《人民检察院检察建议工作规定》第 9 条第（三）项的规定，现向你单位提出如下建议：

1. 建立罚、裁、执的工作衔接机制，确保行政处罚的案件得到执行，对生效的裁定得到执行。按照申请强制执行要求完善莫某某非法占地案案件材料及执法程序，依法申请强制执行。

2. 及时利用土地卫片信息，畅通土地违法举报渠道，增加土地巡查频次，及时发现并查办土地资源违法案件，减少社会财富损失，缓解社会矛盾。

3. 进一步依法规范查办案件。规范取证，严格执法程序，保障权利到位，依法及时催告、送达。

4. 督促被处罚人履行行政处罚要创新举措，多措并举，将大多数行政处罚案件通过督促履行实现行政目的，减少向人民法院申请强制执行案件，使督促履行实现效果最大化。

5. 加强案件卷宗规范化管理。

请在收到检察建议后 1 个月内作出处理并将处理结果书面回复本院。

云南省普洱市人民检察院
2019 年 9 月 20 日

> 检察建议书亮点：加强前科人员、吸毒人员、多次被行政处罚等重点人员的走访、管理，深挖民间债务纠纷背后的刑事犯罪。

云南省镇沅彝族哈尼族拉祜族自治县人民检察院检察建议书

镇检一部建〔2019〕××号

镇沅彝族哈尼族拉祜族自治县公安局恩乐派出所：

我院办理的犯罪嫌疑人侯某某、陈某某等人犯罪一案中，犯罪嫌疑人侯某某、陈某某等人高利放贷，之后，纠集社会闲散人员多次到被害人唐某某家，索要债务，在被害人报警后，贵单位出警民警对事情经过了解后，认为属于民间债务纠纷，仅仅是口头告诫双方要正确处理债务纠纷，不要发生打架等违法行为。为了加大对黑恶势力的打击力度，威慑不法分子，维护市场经济发展秩序和社会治安稳定，实现良好的政治效果、法律效果和社会效果，针对这一问题，我院提出如下的检察建议：

一是贵单位应当高度重视扫黑除恶专项斗争工作，加强组织领导，在职责职权范围内开展扫黑除恶专项斗争工作，对辖区有前科人员、吸毒人员、多次被行政处罚等重点人员进行走访，形成相应的台账、及时记录，发现苗头性、倾向性的问题，及时梳理排查上报，发现涉黑涉恶线索的及时移交县扫黑办，发现涉嫌刑事犯罪的及时立案侦查，以防黑恶势力发展壮大。

二是根据扫黑除恶专项行动工作的要求，贵单位在出警过程中，对于民间债务纠纷应注意深挖背后是否涉及高利放贷、暴力讨债情形，应注意深挖彻查是否属于涉黑涉恶犯罪，不能简单以民间债务纠纷处理。

根据《人民检察院检察建议工作规定》，为了依法严厉打击黑恶势力，推进社会治安综合治理，我院结合执法办案工作，特提出检察建议，希望在收到检察建议后1个月内作出处理并将处理结果书面回复本院。

镇沅彝族哈尼族拉祜族自治县人民检察院
2019 年 10 月 16 日

> 检察建议书亮点：完善工作机制，保护公民信息安全。

思茅区人民检察院
检察建议书

思检侦监建〔2019〕××号

普洱市公安局思茅分局：

  我院在办理你局提请批准逮捕的犯罪嫌疑人张某某涉嫌非法侵犯公民信息罪一案中发现，你局对民警查询公民信息制度不完善，部分民警法律、规纪意识淡薄，导致部分民警违法违规查询、提供公民信息，造成不良社会影响及严重后果。

  为维护社会稳定，保护公民个人信息安全和合法权益，贯彻落实全面依法治国基本方略，根据《中华人民共和国刑法》《中华人民共和国刑事诉讼法》《公安机关办理刑事案件程序规定》以及《人民检察院检察建议工作规定》相关规定，本院特向你单位建议：

  1. 制定严格的公民信息查询审批、登记、保密等工作制度，杜绝民警肆意违规查询、提供公民个人信息；

  2. 就张某某一案开展一次警示教育，以案说纪、以案说法，教育民警树立遵规守纪意识、保密意识、法律意识，防止触碰法律底线。

  请贵单位在收到本检察建议后，认真研判，并及时书面向本院反馈落实情况。

思茅区人民检察院
2019 年 3 月 18 日

> 检察建议书亮点：督促依法拆除违章建筑，坚决制止私搭乱建行为。

江城哈尼族彝族自治县人民检察院
检察建议书

江检民（行）行政违监〔2019〕××号

江城县自然资源局：

　　本院在履行法律监督职责中发现，江城县自然资源局（原江城县国土资源局）在办理李某某非法占地一案时存在不当履职的情形。现查明：

　　2017年11月，李某某在未取得合法用地手续的情况下擅自占用江城县勐烈镇红疆村半边街小组南天门公路旁规划用途为林地、现状为林地的2.16亩（1440平方米）集体土地建盖砖房、简易房的行为，违反了《中华人民共和国土地管理法》第43条、第44条的规定。你局于2019年1月18日立案调查，并于2019年3月12日对李某某作出如下行政处罚：1.责令李某某在30日内退还非法占用的江城县勐烈镇红疆村半边街小组集体土地2.16亩；2.责令李某某在接到江城县国土资源局行政处罚书之日起30日内自行拆除非法占用江城县勐烈镇红疆村半边街小组2.16亩（1440平方米）集体土地上新建的建筑物及其他设施1440平方米（其中砖房704.47平方米、石棉瓦简易房17.42平方米、水泥地坪718.11平方米），恢复土地原状；3.对李某某非法占用江城县勐烈镇红疆村半边街小组集体土地2.16亩（1440平方米）建盖砖房、石棉瓦简易房的行为处以每平方米10元的罚款，合计14400元（大写壹万肆仟肆佰元整）。同时告知李某某如不服处罚决定，可以在收到处罚决定书之日起60日内向江城县人民政府或普洱市国土资源局申请行政复议，或者6个月内依法向江城县人民法院提起诉讼。当事人李某某仅在2019年3月26日缴纳了罚款14400元，对于其余两项行政处罚未履行，你局于2019年4月15日对李某某进行催告。现当事人李某某的60日申请行政复议期和6个月诉讼期届满，李某某拒不履行退还非法占用的江城县勐烈镇红疆村半边街小组集体土地2.16亩及自行拆除非法占用江城县勐烈镇红疆村半边街小组集体土地上新建的建筑物及其他设施，恢复土地原状的行政处罚，也未向江城县人民政府或普洱市自然资源局申请行政复议和向人民法院提起行政诉讼。

本院认为，根据《中华人民共和国行政诉讼法》第46条第1款："公民、法人或者其他组织直接向人民法院提起诉讼的，应当自知道或者应当知道作出行政行为之日起六个月内提出。法律另有规定的除外"的规定；第97条："公民、法人或者其他组织对行政行为在法定期限内不提起诉讼又不履行的，行政机关可以申请人民法院强制执行，或者依法强制执行"的规定；根据《中华人民共和国行政强制法》第53条："当事人在法定期限内不申请行政复议或者提起行政诉讼，又不履行行政处罚决定的，没有行政执行权的行政机关可以自期限届满之日起三个月内，依照本章规定申请人民法院强制执行。"的规定；根据《中华人民共和国行政处罚法》第51条："当事人逾期不履行行政处罚决定的，作出行政处罚决定的行政机关可以采取下列措施：（三）申请人民法院强制执行"的规定。现当事人李某某60日申请行政复议期和6个月诉讼期届满，未履行行政处罚决定，也未向江城县人民政府或普洱市国土资源局申请行政复议和向人民法院提起行政诉讼。

现根据《人民检察院行政诉讼监督规则（试行）》第34条、《人民检察院检察建议工作规定》第9条第（三）项的规定，向你单位提出如下检察建议：

建议你局严格依照《中华人民共和国行政诉讼法》《中华人民共和国行政处罚法》《中华人民共和国行政强制法》的相关法律规定，对李某某6个月诉讼期届满后，仍未履行行政处罚决定的行为，向江城县人民法院依法申请强制执行。

请于收到本检察建议书后两个月内依法履行职责，并书面回复本院。

江城哈尼族彝族自治县人民检察院
2019年9月16日

> 检察建议书亮点：规范行政处罚程序，依法保障被处罚人权利。

墨江哈尼族自治县人民检察院
检察建议书

墨检民（行）行政违监〔2019〕××号

墨江哈尼族自治县农业农村和科学技术局：

　　本院在开展农业部门非诉执行监督工作中，经调阅墨江哈尼族自治县（以下简称墨江县）人民法院审理的墨江县农业农村和科学技术局对马某某渔业行政处罚（2019）云0822行审33号卷宗，发现你单位存在履行职责不当行为，本院予以审查，本案现已审查终结。

　　经审查查明，本案办理中存在以下问题：一、案件延期程序错误。《农业行政处罚程序》第41条规定："农业行政处罚案件自立案之日起，应当在三个月内作出处理决定；特殊情况下三个月内不能作出处理的，报经上一级农业行政处罚机关批准可以延长至一年。"本案由墨江县农业和科学技术局于2018年3月27日受理，墨江县渔业发展服务中心作为墨江县农业和科学技术局的下属部门，于2018年6月10日向墨江县农业和科学技术局提出将办案时限延长至一年的申请，墨江县农业和科学技术局于2018年6月16日同意将办案期限延长至一年，即从2018年3月27日至2019年3月26日。根据《农业行政处罚程序》第3条："本规定所称农业行政主管部门，是指种植业、畜牧（草原）、兽医、渔业、农垦、乡镇企业、饲料工业和农业机械化等行政主管机关。本规定所称农业行政处罚机关，是指依法行使行政处罚权的县级以上人民政府的农业行政主管部门和法律、法规授权的农业管理机构。"墨江县农业和科学技术局作为县级具有行政处罚权的农业行政主管部门，其上级农业行政处罚机关应为市级农业行政主管部门。墨江县渔业发展中心向墨江县农业和科学技术局申请延长办案期限并经县农业和科学技术局批准同意的行为实属程序错误。二、将催告作为督促履行行政处罚的措施不当。墨江县农业和科学局于

2018年11月17日送达《行政处罚决定书》载明："当事人对本处罚决定不服，可以收到本处罚决定书之日起60日内依法向墨江县人民政府申请复议，也可以在6个月内依法向墨江县人民法院提起行政诉讼。"根据《中华人民共和国行政强制法》第53条："当事人在法定期限内不申请行政复议或者提起行政诉讼，又不履行行政决定的，没有行政强制执行权的行政机关可以自期限届满之日起三个月内，依照本章规定申请人民法院强制执行。"马某某提起行政诉讼的期限届满日为2019年5月17日，之后行政机关才能申请人民法院强制执行。而2019年5月7日农科局向马某某送达的《履行行政处罚决定催告书》载明："收到本催告书之日起7日内未履行义务，本机关将依法强制执行或申请人民法院强制执行。"从催告书可以看出即使催告时间届满也未达到行政强制法所规定的申请强制执行的期限。本案由于被处罚人未申请行政复议，因而其提起行政诉讼的期限届满日应为2019年5月17日，之后才能进行催告。行政机关在办案中，把期限届满后申请强制执行前的催告，作为期限届满之前督促履行行政处罚措施使用，于法无据。三、催告时限不当。根据《中华人民共和国行政强制法》第54条："行政机关申请人民法院强制执行前，应当催告当事人履行义务。催告书送达十日后当事人仍未履行义务的，行政机关可以向所在地有管辖权的人民法院申请强制执行；执行对象是不动产的，向不动产所在地有管辖权的人民法院申请强制执行。"而2019年5月7日农科局向马某某送达的《履行行政处罚决定催告书》载明："收到本催告书之日起7日内未履行义务，本机关将依法强制执行或申请人民法院强制执行。"墨江县农业和科学局送达的催告书将行政相对人履行义务的时限缩短为7日，侵害了行政相对人的合法权益。

根据《农业行政处罚程序》第3条："本规定所称农业行政主管部门，是指种植业、畜牧（草原）、兽医、渔业、农垦、乡镇企业、饲料工业和农业机械化等行政主管机关。本规定所称农业行政处罚机关，是指依法行使行政处罚权的县级以上人民政府的农业行政主管部门和法律、法规授权的农业管理机构。"墨江县农业和科学技术局作为农业行政主管部门，应当根据《中华人民共和国行政诉讼法》《中华人民共和国民事诉讼法》《中华人民共和国行政处罚法》《中华人民共和国行政强制法》《农业行政处罚程序》等相关规定，按照程序，依法进行行政处罚。但在办理马某某渔业行政处罚案件过程中存在程序不当、催告不规范、权力保障不到位等问题。

综上所述，为有效规范墨江县农业农村和科学技术局履行职责，根据《人民检察院行政诉讼监督规则（试行）》第34条、《人民检察院检察建议工作规定》第9条第（三）项的规定，向你单位提出如下检察建议：

一、加强业务学习，进一步规范案件办理。严格执法程序，保障权利到位，做到实体和程序的合法。

二、严格遵守案件办理时效，切实提高办案效率。

三、督促被处罚人履行政处罚要创新举措，多措并举，将大多数行政处罚案件通过督促履行实现行政目的，减少向人民法院申请强制执行案件，使督促履行实现效果最大化。

请在收到检察建议后两个月内将处理结果书面回复本院。

墨江哈尼族自治县人民检察院

2019 年 11 月 13 日

> 检察建议书亮点：依法履行监管职责，督促恢复受损林地。

墨江哈尼族自治县人民检察院
检察建议书

墨检民（行）行政违监〔2019〕××号

墨江哈尼族自治县林业和草原局：

　　本院在非诉执行监督活动中发现，墨江县森林公安局（现墨江哈尼族自治县自然资源公安局，下同）作出行政处罚的墨森公（刑）林罚决字〔2017〕第0123号、墨森公（刑）林罚决字〔2017〕第0124号、墨森公（通派）林罚决字〔2017〕第0127号、墨森公（通派）林罚决字〔2017〕第0092号行政处罚决定书未依法执行，你单位存在与相关部门之间工作衔接缺位的问题，本院决定予以审查，本案现已审查终结。

　　经审查查明：墨江哈尼族自治县（以下简称墨江县）文武镇政府、墨江县文武镇文武村民委员会大古路村民小组、刀某某、李某某因在未经林业主管部门批准的情况下擅自改变林地，墨江县森林公安局分别作出墨森公（刑）林罚决字〔2017〕第0123号、墨森公（刑）林罚决字〔2017〕第0124号、墨森公（通派）林罚决字〔2017〕第0127号、墨森公（通派）林罚决字〔2017〕第0092号行政处罚决定书，上述案件所涉及的处罚决定内容中，除文武镇人民政府交纳了28995元的罚款，刀某某缴纳2000元的罚款，其余处罚决定均未依法执行，你单位遂向墨江人民法院申请强制执行。经墨江人民法院审查后，于2018年6月29日对文武镇人民政府擅自改变林地用途案作出〔2018〕云0822行审8号裁定：准予强制执行墨江哈尼族自治县森林公安局作出的墨森公（通派）林罚决字〔2017〕第0127号林业行政处罚决定书的第一项；对文武镇文武村大古路组擅自改变林地用途案作出〔2018〕云0822行审7号裁定：准予强制执行墨森公（通派）林罚决字〔2017〕第0092号林业行政处罚决定书；对泗南江镇坝干村下补干一组刀某某擅自改变林地用途案作出

〔2018〕云 0822 行审 10 号裁定：准予强制执行墨江哈尼族自治县森林公安局作出的墨森公（刑）林罚决字〔2017〕第 0123 号林业行政处罚决定书；对泗南江镇坝干村下补干二组李某某擅自改变林地用途案作出〔2018〕云 0822 行审 11 号裁定：准予强制执行墨江哈尼族自治县森林公安局作出的墨森公（刑）林罚决字〔2017〕第 0124 号林业行政处罚决定书。上述 4 起案件均裁定由墨江县人民政府组织实施。2018 年 8 月 22 日，墨江县人民政府将《墨江哈尼族自治县人民政府关于文武镇、泗南江镇等四起林业行政案件被处罚单位和个人强制执行恢复林地原状处罚决定书的通知》发文至泗南江镇人民政府、文武镇人民政府并抄送墨江县森林公安局和你单位：责令文武镇、泗南江镇人民政府高度重视、认真履行主体责任，组织精干力量，进一步加大工作力度，严格执行县人民政府生效判决；县森林公安局和你单位等部门做好业务指导工作，积极配合乡镇，按照要求"限期恢复林地原状"，切实维护法律权威。

根据《中华人民共和国森林法》第 10 条："国务院林业主管部门主管全国林业工作。县级以上地方人民政府林业主管部门，主管本地区的林业工作。乡级人民政府设专职或者兼职人员负责林业工作。"第 13 条："各级林业部门依照本法规定，对林业资源的保护、利用、更新，实施管理和监督。"第 18 条："进行勘查、开采矿藏和各种建设工程，应当不占或者少占林地；必须占用或者征收、征用林地的，经县级以上人民政府林业主管部门审核同意后，依照土地管理的法律、行政法规办理建设用地审批手续，并由用地单位依照国务院有关规定缴纳森林植被恢复费……"的规定，你单位作为林业主管部门，县森林公安局作为擅自改变林地用途的执法单位，应当按照《墨江哈尼族自治县人民政府办公室关于文武镇、泗南江镇等四起林业行政案件被处罚决定的通知》（以下简称《通知》）要求，在各自的职责范围内，相互配合、相互协调，依法开展执行工作，消除林地用途被非法改变的状态，以实现国家对林地资源的有效管理，但你单位在收到县人民政府的《通知》后，未采取有效工作措施，导致行政管理的目的未得到实现，损害了国家对林地资源管理活动的有效进行。

综上所述，为推进法治政府建设，使国家对森林资源管理活动的法律、法规、规章能够正确贯彻实施，促进依法行政，维护司法权威。根据最高人民检察院《人民检察院民事诉讼监督规则（试行）》第 112 条第（四）项规定，向你单位提出如下检察建议：

你单位应根据应墨江县人民政府《通知》要求，加强与县森林公安局、文武镇人民政府、泗南江镇人民政府的沟通协调，指导文武镇人民政府、泗南江镇人民政府依法执行墨森公（刑）林罚决字〔2017〕第 0123 号、墨森公

（刑）林罚决字〔2017〕第 0124 号、墨森公（通派）林罚决字〔2017〕第 0127 号、墨森公（通派）林罚决字〔2017〕第 0092 号林业行政处罚决定第一项"恢复原状"的执行。

请在收到检察建议后两个月内将处理结果书面回复本院。

墨江哈尼族自治县人民检察院

2019 年 7 月 24 日

> 检察建议书亮点：规范行政执法程序，提升行政执法公信力。

云南省澜沧拉祜族自治县人民检察院检察建议书

澜检民（行）行政违监〔2019〕××号

澜沧拉祜族自治县市场监督管理局：

　　本院在履行非诉执行监督工作中，调阅你局行政执法案件卷宗后发现，你局在办理澜沧德某某大药房非法购进药品案等 9 件行政处罚案件中存在执法不规范的情形。现查明：

　　1. 在行政处罚决定书中引用已废止的规定。在 9 件行政处罚案件中，你局作出的行政处罚决定书中引用已废止《云南省食品药品监督管理行政处罚自由裁量权适用规则》。2017 年 10 月 23 日云南省食品药品监督管理局关于印发《云南省食品药品行政处罚裁量适用规则》《云南省食品药品行政处罚裁量基准》的通知，该通知明确《云南省食品药品行政处罚裁量适用规则》《云南省食品药品行政处罚裁量基准》于 2018 年 1 月 1 日起实施。《云南省食品药品监督管理局关于印发行政处罚自由裁量权适用规则和基准的通知》（云食药监〔2012〕19 号）文件于 2017 年 12 月 31 日废止。

　　2. 在澜沧德某某大药房非法购进药品等 6 件行政处罚案件中认定行政相对人无主观故意不当。根据 GSP 的相关规定，购进药品必须严格按照 GSP 的要求开展购进验收。药品经营企业的采购活动除了应当确定供货单位的合法资格，还应当确定所购入药品的合法性、核实供货单位销售人员的合法资格等，而且应当向供货单位索取药品销售发票。在澜沧德某某大药房、澜沧拉祜广场忠某某大药房、澜沧壹某某药店、澜沧忠某某大药房、澜沧众某某大药房 5 件行政处罚案件中，药店的经营者或工作人员明知张某某并非吉林某某药业有限公司销售委托书上的受托人，仍然向其购进药品；澜沧德某某大药房、澜沧云某某大药房的经营者或工作人员在开展药品购进验收时,未对与贵州某某药业有限公司的业务往来情况进行仔细核对,上述6个药店未按照GSP的要求开展购进、验收、对公付款,导致药品购进渠道出现问题。你局仅以《调查笔录》、药品经营企业能够提供供货方的资质材料认定行政相对人无主观故意。该6个案件中的行政相对人主观上明知是违法购进药品,客观上实施了违法购进药品的行为,主客观相统一,其违法购进药品是主观故意。

3. 澜沧德某某大药房非法购进药品等6个案件的行政处罚决定书中免除行政相对人罚款的处罚不当。你局在对澜沧德某某大药房等6名行政相对人作出行政处罚决定时免除了对行政相对人罚款的处罚。根据《中华人民共和国药品管理法》第79条之规定:"药品的生产企业、经营企业或者医疗机构违反本法第三十四条的规定,从无《药品生产许可证》《药品经营许可证》的企业购进药品的,责令改正,没收违法购进的药品,并处违法购进药品货值金额二倍以上五倍以下的罚款;有违法所得的,没收违法所得;情节严重的,吊销《药品生产许可证》《药品经营许可证》或者医疗机构执业许可证书。"该法律条文中"并处……罚款"是法律的强制性规定,而非任意性规定,上述6件案件中的行政相对人(即该6个药店)作为药品经营企业,违反了《中华人民共和国药品管理法》第34条之规定,故应当对其予以罚款处罚。

4. 在澜沧德某某大药房非法购进药品案、澜沧壹某某药店违法购进药品案、澜沧拉祜广场忠某某大药房非法购进药品案中,调查对象应为药店的经营者、负责人、质量负责人。营业执照上登记的经营者和药品经营许可证上登记的企业负责人对该药店的药品进购、销售、管理负有直接责任,所以对于该店出现涉嫌违法进药品行为时,所调查对象应为经营者、负责人、质量负责人而非药店员工。

综上,为更好地规范行政执法程序,提升行政执法公信力。根据《中华人民共和国宪法》第134条,《人民检察院民事诉讼监督规则(试行)》第112条第(四)项,《人民检察院检察建议工作规定》第2条、第3条第1款之规定,向你局提出如下检察建议:

1. 严格依照法律规定和法定程序依法办理行政处罚案件;

2. 依照《中华人民共和国药品管理法》《中华人民共和国药品管理法实施条例》《药品经营质量管理规范》等法律法规,加强对辖区内药店经营企业进行监督管理。

请在收到检察建议后1个月内将处理结果书面回复本院。

云南省澜沧拉祜族自治县人民检察院

> 检察建议书亮点：加强退耕还林政策落实的审核、检查、回访。

云南省普洱市思茅区人民检察院
检察建议书

思检公诉建〔2019〕××号

普洱市思茅区林业和草原局：

　　本院在办理李某甲、李某乙、李某丙涉嫌非法占用农用地、寻衅滋事、敲诈勒索、诈骗一案中发现：2002年，李某甲虚构思茅区三家村一社大东子山108亩集体林（地名梨果园）系李某甲承包，办理了林权证和林地使用权证，骗取思茅区政府退耕还林补偿款。致使国家退耕还林补贴款被冒领，给国家造成了30余万元的财产损失。你局存在管理不完善、制度不落实、检查、监督和审核把关不严等情形。

　　为进一步完善管理、落实管理制度，消除犯罪隐患，保障国家退耕还林补贴专款专用，根据《中华人民共和国森林法》《退耕还林条例》《人民检察院检察建议工作规定》，本院特向你单位建议：

　　1. 建议你局严格执行退耕还林申报和审批程序，对申报项目认真进行实地调查、了解，核实申报人身份、土地权属面积、申报条件等事项，严格依法依规进行审批。

　　2. 国家退耕还林补贴发放到位后，定期、不定期进行检查、回访，了解专款专用情况，确保该项政策取得实实在在的效果。

　　3. 积极全面履行法定职责，以此保护国家森林资源不受侵害，维护国家和社会公共利益。

　　4. 设立举报信箱、电话，鼓励群众举报骗取退耕还林补贴线索。

5. 发现违规违法骗取退耕还林补贴案件的，依法处理，并追回退耕还林补贴。

请贵单位收到本检察建议后，认真研判，及时将办理结果书面回复本院。

普洱市思茅区人民检察院
2019 年 9 月 12 日

> 检察建议书亮点：建立罚、裁、执间的工作衔接机制，督促违法行为人履行行政处罚决定内容。

云南省普洱市宁洱哈尼族彝族自治县人民检察院检察建议书

宁检民（行）行政违监〔2019〕××号

宁洱哈尼族彝族自治县自然资源局：

本院在开展全国检察机关民事行政非诉执行监督专项活动中发现，宁洱哈尼族彝族自治县（以下简称宁洱县）自然资源局（原宁洱县国土局）对彭某某无证开采砂石行政处罚一案，存在未依法履行职责的情形。本院经调查核实，现查明：

彭某某（男，××××年×月××日生，公民身份号码××××××××××，家住宁洱县宁洱镇××村委会×××组××号）未经县级人民政府负责地质矿产管理工作部门的批准于2010年至2016年9月，擅自在宁洱县宁洱镇裕和村一组一碗水开采砂石。宁洱县自然资源局认为彭某某的行为违反了《中华人民共和国矿产资源法》第3条、《矿产资源开采登记管理办法》第2条及《云南省矿产资源管理条例》第4条的规定，于2017年8月30日对彭某某作出：责令停止违法行为，没收违法所得30000元的行政处罚决定〔宁国土资执罚（2017）45号〕。彭某某于2018年2月5日缴纳违法所得款10000元，其余20000元至2019年7月30日仍未缴纳。

本院认为，你单位作为作出行政处罚决定的行政机关，未积极督促违法行为人缴纳违法所得，也未严格依据《中华人民共和国行政强制法》第53条"当事人在法定期限内不申请行政复议或者提起行政诉讼，又不履行行政决定的，没有行政强制执行权的行政机关可以自期限届满之日起三个月内，依照本章规定申请人民法院强制执行"的规定，对彭某某在法定期限届满后不申请行政复议、未提起行政诉讼也未完全履行行政处罚决定的情形，既未积极督促其履行行政处罚决定内容，也未在法定期限内申请人民法院强制执行。

为推进法治政府建设，使国家对矿产资源管理的法律、法规、规章能够正确贯彻实施，维护国家对矿产资源管理活动的正常开展，促进依法行政，根据《中华人民共和国宪法》第134条、《人民检察院检察建议工作规定》第9条第（五）项规定，向你单位提出如下检察建议：

1. 积极履行法定职责，督促违法行为人履行行政处罚决定内容；
2. 建立罚、裁、执间的工作衔接机制，确保行政处罚决定内容得以实现。

请在收到后1个月内作出处理并将处理结果书面回复本院。

云南省普洱市宁洱哈尼族彝族自治县人民检察院
2019年10月30日

七、提升执法办案规范水平，促进严格执法

> 检察建议书亮点：审慎选择指定居所监视居住点，建立符合边疆实际的，明确、具体可操作的监视居住规范化操作制度，加强监管力度，保障被执行人基本权利。

云南省普洱市人民检察院
检察建议书

普检九部建〔2019〕××号

墨江哈尼族自治县公安局：

　　我院在办理你局移送墨江县人民检察院审查起诉的犯罪嫌疑人岩某甲、尼某、岩某乙、岩某丙、岩某丁涉嫌运输毒品一案中发现，你局存在指定居所监视居住地点不规范，缺乏必要监管条件和措施的情况。以本案为例，被指定居所监视居住的两名犯罪嫌疑人在同一监居点先后脱逃。对此，应引起高度重视。

　　一、指定居所监视居住点存在的问题

　　1. 监居点的确定无书面审批程序。经查阅本案呈请监视居住报告书及审批单发现，报告中只针对犯罪嫌疑人是否符合指定居所监视居住的条件进行了审查，并未提及如何选定指定居所监视居住的地点。办案部门、法制部门和局领导的审批意见也仅针对是否同意对犯罪嫌疑人监视居住这个问题，而未对监居地点的选定提出意见。导致监视居住地点的选定无书面审批材料，是否经过慎重的报告和审批程序存疑。

　　2. 监居点缺乏必要的防逃脱措施。一是未指定值班人员或看守人员。本案的指定居所监视居住地点位于墨江县联珠镇东沟村马某某出租房内，由禁毒大队与房东马某某签订每月400元的租房协议后，公安机关通过早晚送饭的时

间对犯罪嫌疑人进行查看，请房东代为看管犯罪嫌疑人，并未指定专职值班人员。二是日常管理松懈。经走访了解，该出租房系普通的民用平房，被监视居住对象可自由进出自己的房间，房间周围有多条小路可通往附近公路。此出租房由房东马某某和其姐姐居住，房东白天外出上班，姐姐上午会外出买菜，在这段时间被监视居住对象无人看管，加之周边自由便利的出行环境，被监视居住对象处于实质脱管的状态。三是监居点周边未安装监控设备，未布置防脱逃的设施。经实地走访了解，被指定居所监视居住地点周边并无任何防止逃脱的设施，也未安装监控设备和脱逃报警装置，加上自由松散的管理，被监视居住对象脱逃几乎没有阻碍和困难。另外，出租房内未加装安全防范措施，难以保证办案安全。

3. 承办人员责任意识不强。侦查机关在1月24日先对犯罪嫌疑人办理了监视居住，其在指定居所监视居住点居住了十几天后即逃脱。承办人员在明知该监居点存在较大逃脱风险，且已有一人脱逃的情况下，仍然在3月19日对另一名犯罪嫌疑人在同一地点办理了指定居所监视居住，导致另一名犯罪嫌疑人仅在该监居点居住了几天后便脱逃。办案人员对监居点是否具备监管条件审查不严，对被采取措施的被监视居住对象的日常监管不严，被监视居住对象脱逃之后仍未引起警觉，责任意识不强。

二、对加强指定居所监视居住管理的建议

为打击犯罪，防止类似问题再次出现，根据《中华人民共和国刑事诉讼法》第75条第4款、《人民检察院检察建议工作规定》第9条第4项的规定，提出如下建议：

1. 请审慎选择执行地点。根据《公安机关办理刑事案件程序规定》第108条和《人民检察院对指定居所监视居住实行监督的规定》第4条的规定，指定的居所应当具备正常的生活、休息条件，与审讯场所分离；安装监控设备，便于监视、管理；具有安全防范措施，保证办案安全。建议结合实际办案需要，一是选择与外界相对隔离的场所，并进行必要的安全改造，增设必要的防逃脱、防自伤自杀的硬件设施；二是在条件允许的情况下，可设立符合执行标准的专门监视居住场所。

2. 进一步加强监视居住点的监管力度。《公安机关办理刑事案件程序规定》第115条规定："负责执行监视居住的派出所或者办案部门应当严格对监视居住人进行监督考察，确保安全。"建议一是根据办案实际，指派警察驻在指定的居所坐班执勤或者临时指派警察执勤，采取不定期检查等方式进行检查监督，防止被监视居住人逃跑、串供、自伤自杀等有碍侦查的行为发生，保证办案安全；二是对居住房实行进出登记制度，特别是被监视居住对象确需外出时，要严格登记出入时间，并派员跟随。

3. 增加科技监视手段。根据《中华人民共和国刑事诉讼法》第78条和

《公安机关办理刑事案件程序规定》第 112 条规定，执行机关对被监视居住人，可以采取电子监控、不定期检查等监视方法对其遵守监视居住规定的情况进行监督；在侦查期间，可以对被监视居住对象的电话、传真、信函、邮件、网络等通信进行监控。建议采取人力监视和电子监控相结合的方式进行监管，并逐步增加监视居住执行中科技手段使用的比例。一是在保障被监视居住对象基本隐私权的前提下，在监视居住点周边加装监控设备。在被监视居住对象休息时间可以以视频监控方式执行，并在居所内安装可与监控室通话的装置，以便在异常情况出现时与被监视居住对象保持联系。在非休息时间，可采取派驻警员直接监视的方式，对被监视居住对象进行轮班监视。二是对被监视居住对象佩戴防脱逃电子设备，通过技术手段进行管控，当被监视居住对象离开指定区域时，系统自动报警并通知监管人员和承办人。

4. 建立符合本地区实际的，明确、具体可操作的监视居住规范化操作制度。建议与公检法等相关部门召开联席会议，研究制定相关工作机制。一是对被监视居住人自由活动权限、外出会见通信、人员管理配备、安全防范、突发事件处置、违反规定责任处理等做出明确、具体的规定。二是建立案件信息衔接机制。通过定期召开联席会议，落实文书抄送、告知等制度，保障检察机关知情权，主动邀请检察机关监所检察部门对执行情况进行监督，研究改进措施，规范该项工作的开展。三是建立对被监视居住对象脱逃的应急处置预案，在执行监视居住前采集被监视居住对象的体貌、指纹、血液等基本个人信息，建立被监视居住对象身份信息库，以便对无身份的外国人脱逃时的追逃抓捕。

5. 保障被执行人的基本权利。一是在有效监视监管的前提下，保障被监视居住对象有自己衣食和作息的自由，使监视居住符合非羁押性要求；二是对被监视居住对象的医疗、饮食、休息保障应当有明确的制度规范，在指定居所监视居住期间，实行每日体检制度，真实记录被监视居住对象的身体状况；三是建立投诉救济机制，保障被监视居住对象及其家属向检察机关等监督机关反映问题的渠道畅通。

以上建议，请认真研究，制定措施，及时整改落实，并将落实情况于收到建议书之日起 1 个月内，书面函告我院。

云南省普洱市人民检察院
2019 年 9 月 25 日

> 检察建议书亮点：对发现的苗头性问题及时依法处置，及时收集巩固证据。

云南省普洱市宁洱哈尼族彝族自治县人民检察院检察建议书

宁检诉建〔2019〕××号

宁洱哈尼族彝族自治县公安局：

我院在办理你局移送审查起诉的犯罪嫌疑人陈某甲、陈某乙涉嫌寻衅滋事、敲诈勒索案中，发现存在以下问题：

一、移送的案件中少数涉案事实时间间隔过长，超过法律规定的诉讼时效。该案在移送本院审查起诉时共涉及10起犯罪事实，经本院审查后对其中7起犯罪提起公诉。未能起诉的"关于拒付'欧帝布艺'经营者郭某甲装窗帘费""向郭某乙索要赔偿款"两起案件，因为发案时间距离现在较长，已经超过诉讼时效，无法予以认定。此外，因为案发时间较早，一些证据没有及时调取、固定，导致现有证据无法客观、真实反映案件事实。建议在今后的办案中注重诉讼时效问题，对发现的案件和线索及时调查取证、收集固定好相关证据，确保证据全面、客观和真实。

二、对需要补充侦查的内容未能及时调查取证。本院将该案第一次退回补充侦查时要求调取陈某甲、陈某乙带一名卖菜老人，到王某某所在的县国税局办证大厅扰乱该局办公秩序一事中卖菜老人的证言，重报的补充侦查报告书中称无法核实卖菜老人身份。因该老人系该起案件的关键证人，对能否认定该起事实至关重要，本院要求再次进行核实，直到本院提起公诉前几天才调取了该老人的证言。退回补充侦查时本院还要求提供陈某甲、陈某乙2人在宁洱县城恃强凌弱、为害一方，严重扰乱社会治安，社会影响恶劣的相关证据材料，在重报时也未及时提供，这在当时对陈某甲、陈某乙属于恶势力犯罪的认定产生了一定影响，这些证据也是在起诉前几天才调取。因办理涉黑涉恶案件要求从严从快、打准打实，建议你局提高办案效率和质量，及时做好调查取证，按照法定程序收集固定证据。

三、对发现的苗头性问题未能及时依法处置。陈某甲、陈某乙 2 人长期在宁洱县城为非作恶、惹是生非、民怨极大。你局移送审查起诉的案件中有发生在 2009 年的，还有发生在 2004 年的，案发时间久远，且这些案件当时未进行处置，这在一定程度上导致陈某甲、陈某乙对法律漠视、无所忌惮，慢慢滋生发展为恶势力。按照扫黑除恶专项斗争的相关要求，对黑恶势力犯罪，要"打早打小"、深挖彻查，建议你局加强源头治理，对发现的苗头性问题要及时核查，依法打击和处置。

针对上述存在的不规范问题，建议你局在今后办理刑事案件时，严格按照《中华人民共和国刑事诉讼法》《公安机关办理刑事案件程序规定》的规定，增强证据意识，办案中及时深入细致分析案情，提高办案效率，确保案件质量。在办理涉黑涉恶案件时，严格按照党中央关于开展扫黑除恶专项斗争的要求和"两高两部"《关于办理黑恶势力犯罪案件若干问题的指导意见》，正确把握"打早打小"与"打准打实"的关系，加强对重点行业、领域的整治和管理，把专项治理和系统治理、综合治理、源头治理及依法治理结合起来，办案过程中加强沟通配合，形成合力，共同打击黑恶势力犯罪，铲除黑恶势力犯罪土壤，提升人民群众安全感、幸福感和满意度，维护好社会和谐稳定。以上建议请你局认真对待，及时将整改措施及相应情况书面告知我院。

宁洱哈尼族彝族自治县人民检察院
2019 年 3 月 29 日

> 检察建议书亮点：加大证据收集力度，依法严惩黑恶犯罪。

云南省普洱市思茅区人民检察院
检察建议书

思检公诉建〔2019〕××号

普洱市公安局思茅分局：

本院在办理曾某某、杨某某等人涉恶案件中发现：1. 曾某某等人在思茅城区小商店、农家乐等地点摆放过用于提供赌博的"老虎机"，但你局在收缴这些"老虎机"时未对提供摆放地点的商户进行处罚，也未对查获的"老虎机"进行登记造册，致使用于证明犯罪嫌疑人曾某某、杨某某等人涉嫌犯罪的证据灭失。2. 曾某某等人"恶势力"团伙长期在思茅城区内多次实施聚众斗殴、故意伤害、寻衅滋事等违法犯罪行为，其部分成员多次受过行政处罚，但你局未对多次受过行政处罚的人员进行梳理，致使该团伙近年多次实施违法犯罪行为，且均未被打击。

为有效打击犯罪，查处黑恶势力，贯彻落实全面依法治国基本方略，根据《中华人民共和国刑事诉讼法》《公安机关办理刑事案件程序规定》以及《人民检察院检察建议工作规定》相关规定，本院特向你单位建议：

一、拓宽和畅通涉嫌黑恶势力犯罪线索收集渠道，建立线索管理制度。

二、在查处黑恶势力犯罪时既要重视对犯罪证据的收集，也要重视对黑恶势力违法证据的收集。

三、组织办案民警认真学习法律法规和"扫黑除恶专项斗争"知识，进一步提高民警对扫黑除恶专项斗争政治站位的认识，并依法办案。

请贵单位在收到本检察建议后，认真研判，并及时书面向本院反馈落实情况。

云南省普洱市思茅区人民检察院
2019年3月29日

检察建议书亮点：依法追捕追诉，严厉打击涉枪犯罪。

云南省镇沅彝族哈尼族拉祜族自治县人民检察院检察建议书

镇检一部建〔2019〕××号

云南省镇沅彝族哈尼族拉祜族自治县公安局：

　　本院于 2019 年 8 月 20 日接到贵局以镇公（刑）提捕字〔2019〕21 号文书提请批准逮捕犯罪嫌疑人李某某、杜某某、张某某、许某某涉嫌诈骗罪、寻衅滋事罪、非法买卖枪支罪一案的文书及案卷材料、证据。经审查，本院发现该案中，挪某甲涉嫌多个犯罪，且情节严重，具体是：

　　犯罪嫌疑人李某某将 1 支猎枪以 4700 元的价格卖给挪某甲，挪某甲以 800 元的价格向毕某某购买气枪 1 支，挪某甲非法持有黄某某的射钉枪 1 支、兰某某的射钉枪 1 支、挪某乙的射钉枪 1 支，另挪某甲供述自己使用射钉器和钢管制造了 1 支射钉枪（制造枪支的事实有待进一步查实）。犯罪嫌疑人挪某甲的行为，根据《中华人民共和国刑法》第 125 条第 1 款、第 128 条第 1 款之规定，涉嫌非法买卖枪支罪、非法持有枪支罪。犯罪嫌疑人挪某甲为了逃避打击，在公安机关宣传上缴枪支的情况下，将上述 6 支枪支用编织袋包裹后丢入江里，因李某某供述买卖枪支的事实而案发，民警将上述 6 支枪支打捞上岸后依法送检，经鉴定，6 支枪支均是枪支，具有杀伤力。

　　本院认为犯罪嫌疑人挪某甲将枪支丢入江里的行为并未消除其非法买卖枪支、非法持有枪支的社会危害性，也不能消除其之前非法持有枪支的状态，不影响认定其构成非法买卖枪支罪、非法持有枪支罪，且枪支数量达 6 支，其未依法上缴枪支还以丢入江中的方式逃避打击，反映出其主观恶性较大，其行为性质恶劣，造成严重的社会影响，对其有逮捕必要。根据《中华人民共和国刑事诉讼法》第 81 条的规定，应当依法逮捕。根据《人民检察院刑事诉讼规则（试行）》第 321 条的规定，本院于 2019 年 8 月 27 日向贵局发出《应当逮捕犯罪嫌疑人建议书》，请贵单位依法提请审查逮捕，并连同案卷材料、证据等一并移送本院审查。

贵局于2019年9月24日将"5.29"专案移送本院审查起诉，本院发现贵局对于犯罪嫌疑人挪某甲未依法提请逮捕，而是对其采取取保候审的强制措施。本院认为，贵局在今年年初开展缉枪治爆专项行动中，凡涉嫌非法持有一支枪支的犯罪嫌疑人贵局均提请本院批准逮捕，而在本案中，犯罪嫌疑人挪某甲涉嫌多个犯罪，且非法持有6支枪支，本院依法向贵局发出《应当逮捕犯罪嫌疑人建议书》，但贵局未依法提请逮捕，贵局的做法有失执法之公平公正。习近平总书记对于加强和改进法律实施工作时明确要求："要深入推进公正司法，深化司法体制改革，加快建设公正高效权威司法制度，完善人权司法保障制度，严肃惩治司法腐败，让人民群众在每一个司法案件中都感受到公平正义。"为了维护宪法法律之权威，维护司法之公正，维护社会之正义；为了严厉打击涉枪涉爆犯罪案件，为了消除社会隐患，在即将迎来新中国成立70周年之际，本院建议贵局依法提请批准逮捕犯罪嫌疑人挪某甲，并在收到检察建议书后14日内以书面形式回复本院。

云南省镇沅彝族哈尼族拉祜族自治县人民检察院

2019年9月29日

> 检察建议书亮点：规范未成年人案件办理程序，保障未成年犯罪嫌疑人合法权益。

云南省普洱市景东彝族自治县人民检察院检察建议书

景检未检建〔2018〕××号

景东彝族自治县公安局：

　　本院在办理查林某某、李某某等人涉嫌寻衅滋事一案中发现，景东城区某公司、"KTV"娱乐场所等地存在违法藏匿管制刀具等向未成年人提供使用的情况；且你局对未成年犯罪嫌疑人查林某某进行讯问时，没有对讯问过程进行全程录音或录像；且在羁押期间，将本案未成年犯罪嫌疑人查林某某与成年犯罪嫌疑人一起关押，不利于对未成年犯罪嫌疑人权利的有效保护，同时存在监管安全隐患，会妨碍刑事诉讼活动的顺利进行。

　　针对以上问题，为依法履职，预防未成年人犯罪，落实各项管理制度，消除社会不稳定因素，根据《中华人民共和国人民检察院组织法》第4条和《人民检察院检察建议工作规定（试行）》的规定，对你局提出如下检察建议：

1. 建议你局开展全面检查，查处违法藏匿管制刀具等工具的行为。
2. 建议在办案过程中，对未成年犯罪嫌疑人讯问过程全程录音或录像。
3. 建议对未成年犯罪嫌疑人分别关押、分别管理、分别教育。

　　以上建议，请你局认真对待，及时处理，并将建议落实情况函告本院。

云南省普洱市景东彝族自治县人民检察院
2018年6月28日

> 检察建议书亮点：强化证据意识、程序意识，规范血液提取、送检、鉴定程序。

云南省宁洱哈尼族彝族自治县人民检察院检察建议书

宁检诉建〔2019〕×××号

宁洱哈尼族彝族自治县公安局：

2019年4月8日，本院以事实不清、证据不足对你局交通警察大队办理的杨某危险驾驶一案作出存疑不起诉决定。该案因你局交警大队侦查员违反血样送检相关程序规定以及鉴定机构违反鉴定程序作出血液乙醇含量鉴定意见，而你局未严格审查将其作为定案依据，致使案件到审查起诉阶段因排除了该鉴定意见而导致存疑不起诉的结果。

杨某一案并非个别现象。近几年，你局移送审查起诉的醉酒驾驶机动车型危险驾驶案中，普遍存在一些程序瑕疵问题，或多或少对案件造成了一定的影响。这些案件集中反映出，你局在办理该类案件时存在以下几个问题：

一是未客观、完整记录取证过程。对现场查获醉酒驾驶机动车的，未通过执法记录仪或者录像方式记录当事人接受呼气酒精检测和提取血样的过程。

二是未规范血样提取送检程序。对当事人血样提取过程没有全程使用执法记录仪或者录像方式记录，提取的血样没有按规定及时送交委托的鉴定机构进行检验，延迟送检的情况屡见不鲜。

三是未客观记录血样的保存状态。对提取的当事人血样因特殊原因不能及时送检的，你局侦查员是否按照规定将血样低温保存没有客观证据证实。

四是延迟送检未办理审批手续。对提取的当事人血样因特殊原因不能及时送检，你局延长在3日内送检的，没有按照规定报上一级公安机关交通管理部门负责人批准。

五是对鉴定机构的鉴定意见未严格审查。对鉴定机构做鉴定时所使用的鉴定方法、鉴定程序、鉴定时间是否符合规定未严格审查，没有及时发现鉴定存在的重大问题，导致在审查起诉阶段鉴定意见被排除后因备用血样已经销毁无法再次鉴定，关键性定案证据无法补正。

醉酒驾驶机动车型危险驾驶案看似简单易办，但程序上的复杂性不容忽视，为积极适应以审判为中心的刑事诉讼制度改革要求，更好地打击犯罪，应当不断强化证据意识、程序意识，以更高的证据标准、更先进的执法理念，引领执法办案工作。

根据《中华人民共和国刑事诉讼法》第56条、最高人民法院《关于适用〈中华人民共和国刑事诉讼法〉的解释》第85条第1款第（五）项、最高人民法院、最高人民检察院、公安部《关于办理醉酒驾驶机动车刑事案件适用法律若干问题的意见》第6条、《公安部关于公安机关办理醉酒驾驶机动车犯罪案件的指导意见》第二部分第5条、《司法鉴定程序通则》第23条、《车辆驾驶人员血液、呼气酒精含量阈值与检验》（GB 19522 - 2010）第5.3.2条、实施GB 19522 - 2010《车辆驾驶人员血液、呼气酒精含量阈值与检验》国家标准第1号修改单和《人民检察院检察建议工作规定》的相关规定，提出如下检察建议：

一是按照相关规定，规范血样提取、送检程序。应当全程使用执法记录仪或者录像方式记录当事人血样提取过程，确保收集证据合法、有效。提取的血样应当当场登记封装，并及时送交委托的鉴定机构进行检验。因特殊原因不能立即送检的，应当按照规定低温保存，经上级公安机关交通管理部门负责人批准，可以在3个工作日内送检。上报审批手续应当附卷。

二是按规定对血样进行保存并客观记录保存状态。提取的当事人血样未立即送检的，应当存放于物证室专门用于保藏血液的冰箱冷藏区内，冷藏温度应低于5℃，但不能使血液凝固，并使用执法记录仪或者录像的方式进行记录。

三是严格审查鉴定意见，卡死鉴定标准。根据相关规定，目前对车辆驾驶人血液酒精含量进行检验应当按照GA/T 1073或者GA/T 842的国家强制性标准方法进行。因此，对送检的血样应向鉴定机构说明须使用国家标准方法进行鉴定，对鉴定机构已经做出鉴定意见且未按照国家标准方法进行鉴定的，对鉴定意见应当不予采信，重新进行鉴定。

请你局在收到本建议书后及时研究，采取有效措施推进相关工作，并在收到建议书后两个月内，向本院书面反馈开展相关工作情况。本院将积极配合做好相关工作，共同推进案件办理，维护好公共安全和人民群众生命财产安全。

云南省宁洱哈尼族彝族自治县人民检察院
2019 年 4 月 30 日

> 检察建议书亮点：加强涉案财物的管理、核实、监督、随案移送、上缴国库。

宁洱哈尼族彝族自治县人民检察院检察建议书

宁检诉建〔2018〕××号

宁洱哈尼族彝族自治县公安局：

我院在查办你局警务保障室原副主任、出纳王某涉嫌挪用公款一案过程中，经审查发现：你局办案中存在未按照《中华人民共和国刑事诉讼法》《关于实施刑事诉讼法若干问题的规定》《公安机关办理刑事案件程序规定》《公安机关涉案财物管理若干规定》等相关规定的情况，2001年至今所办部分案件中，未按照法律规定依法随案移送刑事案件中作为证据使用的涉案财物，未依法在人民法院作出生效判决、裁定后及时将赃款、违法所得上缴国库，导致你局涉案财物管理人员王某涉嫌挪用公款，情节严重。

一、问题的来源

我院在侦查办理犯罪嫌疑人王某涉嫌挪用公款一案中发现，你局在涉案财物管理制度方面存在漏洞，涉案财物处置工作随意性大，保管不规范，处置不及时，虽然制定和出台了《普洱哈尼族彝族自治县公安局财务管理办法（试行）》《宁洱县公安局关于印发财务管理规定的通知》，但没有依照《中华人民共和国刑事诉讼法》《公安机关涉案财物管理若干规定》严格对涉案财物进行管理、核实、监督、随案移送、上缴国库，影响了司法公信力。

二、应当消除的隐患及违法现象

我院经过侦查办理犯罪嫌疑人王某涉嫌挪用公款一案，发现你局长期对涉案财物进行脱管，涉案财物管理监督缺失，财务内部控制制度不健全，会计核算不规范，财务基础工作薄弱，现金坐支现象严重，涉案专户存款余额长期账实不符，单位出纳长期坐支单位资金，导致财务核算不真实等违反财经法纪的事实。

三、提出检察建议所依据的法律、法规及有关规定

《中华人民共和国刑事诉讼法》第 245 条规定：公安机关、人民检察院和人民法院对查封、扣押、冻结的犯罪嫌疑人、被告人的财物及其孳息，应当妥善保管，以供核查，并制作清单，随案移送。任何单位和个人不得挪用或者自行处理。对被害人的合法财产，应当及时返还。人民法院作出的判决生效以后，有关机关应当根据判决对查封、扣押、冻结的财物及其孳息进行处理。对查封、扣押、冻结的赃款赃物及其孳息，除依法返还被害人的以外，一律上缴国库。《公安机关涉案财物管理若干规定》第 4 条规定：公安机关管理涉案财物，必须严格依法进行。任何单位和个人不得贪污、挪用、私分、调换、截留、坐支、损毁、擅自处理涉案财物。《公安机关涉案财物管理若干规定》第 18 条规定：公安机关应当依据有关法律规定，及时办理涉案财物的移送、返还、变卖、拍卖、销毁、上缴国库等工作。对刑事案件中作为证据使用的涉案财物，应当随案移送。

四、治理防范的具体意见

你局在涉案财物的管理、处置上没有严格依法进行，涉案财物存在犯罪隐患。希望你局重视涉案财物管理，将涉案财物管理工作纳入执法监督和执法质量考评范围；定期或者不定期组织有关部门对负责管理涉案财物部门进行监督、核查，防止涉案财物被挪用或者不按规定及时移交、移送、返还、处理。

五、要求事项

1. 请你局认真对存在的上述情况及时整改落实，将涉案财物、赃款及违法所得依法及时上缴国库；

2. 请你局将整改措施及落实情况及时书面告知我院。

宁洱哈尼族彝族自治县人民检察院
2018 年 5 月 18 日

> 检察建议书亮点：对以违法手段收取借款类的违法行为，发现一起，处罚一起，执行一起，绝不手软。

云南省景谷傣族彝族自治县人民检察院检察建议书

景检侦监建〔2019〕××号

景谷傣族彝族自治县公安局：

景谷傣族彝族自治县（以下简称景谷县）人民检察院在办理张某某等人非法拘禁案件中，发现此案件中张某某非法拘禁刘某某已超过24小时，刘某某母亲到景谷县公安局永平派出所报案后，民警出警将刘某某解救出来，但没有及时对参与非法拘禁的人员进行立案侦办。在办理胡某甲、胡某乙涉嫌非法经营一案时，发现张某某在永平镇向多名无烟花爆竹经营许可证的人员批发大量烟花爆竹，其进货数量、渠道、销售对象涉嫌违法。

通过分析张某某等人非法拘禁案件发现以下几个突出特点：

1. 你所对违法行为打击疲软

本案中，犯罪嫌疑人张某某为索取债务，指使陶某甲、张某某、邱某某非法拘禁刘某某，刘母报警，民警出警将刘某某解救后未对涉嫌非法拘禁的人立案侦办，存在打击疲软，甚至放任情形。

2. 参与非法拘禁、暴力讨债的人员文化水平低，以辍学学生居多

参与非法拘禁的犯罪嫌疑人文化水平低，对其参与非法拘禁行为已侵犯他人人身权利，已触犯法律法规，应承担相应的法律责任认识不到位。民警出警时在非法拘禁现场人员有：张某某、陶某甲、陶某乙、李某某、蒋某某、邱某某，其中陶某乙、李某某、蒋某某、邱某某均为在校学生或辍学学生。

3. 群众法律意识淡薄

本案中，非法拘禁的地点之一是在景谷县永平镇张某某所经营的某投资公司，并且持续时间较长，参与非法拘禁的人员及过路的群众对非法拘禁行为社会危害性未能充分认识，对看见非法拘禁行为后，无报警或制止的意识，对因索债而非法拘禁他人的行为完全是视为"正常、合理"的现象。群众对提供

违法犯罪案件线索的参与度不高。

4. 逼债方式多样，情节恶劣

被害人借高利贷后无力偿还债务时，张某某指使他人限制借款人人身自由及逼迫借款人下跪的方式逼迫借款人还钱，并用要挟、恐吓、殴打等方式逼迫借款人签下虚增债务的"借条"强行索债，情节恶劣。

为维护当地一方社会治安，给予人民群众一个和谐稳定的社会环境，严厉打击非法高利放贷、赌博等违法犯罪，坚决贯彻中央"有黑除黑，有恶除恶，有乱治乱"的专项斗争精神，根据有关法律规定和《人民检察院检察建议工作规定》，提出如下检察建议：

1. 提高意识，严厉打击违法犯罪

景谷县永平镇全镇人口 73821 人，流动人口 9000 余人，人员较为混杂，当地工厂企业较少，可供就业岗位远远不能满足就业人口需求，容易滋生恶势力犯罪团伙。根据当地实际情况，既要保持对犯罪行为的高压打处，也要对一般违法行为进行高压惩处，特别是对具有易发、以违法手段收取借款类的违法行为，绝不手软，发现一起，处罚一起，执行一起。

2. 提高办案人员执法能力

要坚持"立警为公、执法为民"的办案理念，加强与检察机关、审判机关业务部门的沟通，加强对违法犯罪行为的查处力度，避免出现降格处理、以罚代刑的情况。以扎实、规范、严谨的工作态度和方法，对待每一次接处警、每一件受理的案件。

3. 深挖彻查

通过深挖张某某所销售大批量烟花爆竹的来源、渠道，查明其是否涉嫌违法，相关部门人员是否为其违法行为提供帮助。通过日常检查、宣传等方式规范对永平镇烟花爆竹市场的管理。

以上建议，请你所根据实际情况认真研究落实，并将落实情况于 30 日内书面函告我院。

云南省景谷傣族彝族自治县人民检察院
2019 年 9 月 20 日

八、以检察建议方式，积极参与边疆社会治理

> 检察建议书亮点：加大毒品犯罪执法力度，加强吸毒人员监管、禁毒防艾宣传教育和社区预防。

云南省普洱市人民检察院
检察建议书

普检公诉建〔2018〕××号

澜沧拉祜族自治县（以下简称澜沧县）公安局、澜沧县糯福乡政府：

　　我院在办理澜沧县糯福乡糯福村民委员会村民娜某某贩卖毒品一案中发现，当地存在村民吸毒、零星贩毒的问题。以娜某某为例，其兄弟姐妹6人中就有3人涉毒品犯罪。案件材料中反映，糯福村多位村民曾多次向娜某某购买毒品，我院在走访调查中也发现当地存在吸毒人员。对此，应引起高度重视。

　　该村涉毒问题呈以下特点：1. 存在零星贩毒、以贩养吸情况；2. 交易地点流动性大、隐蔽性强，涉毒人员多在田间地头、农户家中交易；3. 涉毒人员大多无固定职业且文化程度偏低；4. 毒品来源于外地或境外。毒品多由外来人员携带至村内到处销售，再由本村吸毒人员购买后零星贩卖，以贩养吸。境外人员公然到该村兜售毒品，村民们熟视无睹，无人举报，基层组织也未察觉。

　　该地涉毒问题频发原因：1. 禁毒宣传不到位，许多农户对毒品危害性认识不足。据娜某某供述，其开始吸食毒品是为了减轻病痛，对吸食毒品会带来更大的痛苦认识不够。我院在走访中发现，当地部分村民对毒品危害只停留在抽象层面，未能具象理解毒品对个人、家庭的毁灭性危害。2. 当地村民禁毒意识不强。走访中发现，当地村民对吸毒现象习以为常，不愿管、不想管、懒得管，对抵制毒品问题表现冷漠和麻木。以娜某某为例，儿女知道她吸毒一事后，仅对其进行了几次口头劝说，无果后便放任不管，未采取有力措施制止娜

某某吸毒，任其走向犯罪和毒瘾的双重深渊。亲生子女尚且冷漠如此，普通村邻表现更为麻木，对本村风气漠不关心，未在当地形成主动抵制毒品的合力和社会氛围。3. 侦查难度大。山区农村交通不便，信息闭塞，不利于公安机关开展侦查工作。加之缉毒力量不足，导致对山区涉毒打击覆盖不全。4. 吸毒人员管控难度大，农村吸毒人员常常行踪不定，多数戒毒人员出所后未到当地派出所报道，强戒期满后几乎处于放任状态，无法落实后续管控措施。5. 基层组织建设不够强。该村两个佤族小组仅有4名正式党员和2名预备党员，村党支部在禁毒防艾等方面发挥作用不充分，未形成直面涉毒问题，抵制毒品侵害村民的"战斗堡垒"，禁毒防艾工作办法不多，成效不好。

根据《人民检察院检察建议工作规定》第5条、第6条的规定，提出如下建议：

1. 加强打击毒品犯罪的执法力度：一是对糯福乡的涉毒案件重点地区、重点人群再次开展专项整治活动，组织禁毒、治安、刑侦、边防派出所等部门，清查零包贩毒人员，整治长期存在贩卖毒品，容留吸毒问题的民房、茶室、麻将馆等场所，突出打击涉毒场所幕后老板，全面压缩毒品违法犯罪的滋生空间，保持打击涉毒案件的高压态势；二是从源头着手，打击跨境跨区域贩毒行为，重点堵塞外地毒源流入农村；三是加强派出所禁毒警力配备，按省市要求配备查缉装备，同时加强业务培训，提升禁毒工作的战斗力。

2. 建立对吸毒人员的监管体系：建议近期开展一次针对辖区内吸毒人员的普查工作，重点对戒毒康复出所人员到所报道情况进行排查，对吸毒人员及有毒品犯罪前科的人员建档备查，进行定期考察和实时监控。

3. 加强禁毒防艾宣传教育：要持续推动禁毒防艾宣传进农村、进校园，形成禁毒宣传常态化。糯福乡政府可在流动人口集中区域、涉毒问题重点区域和学校开展巡回禁毒宣传展览，通过播放专题影片、设置图片文字展览等形式，使当地村民特别是青少年充分认识到毒品的危害性。

4. 积极开展社区预防：一是积极推进乡镇禁毒办公室实体化，以村民委员会为依托，加大对吸毒人员特别是隐性吸毒人员的发现和查处力度，掌握涉毒人员流动情况并定期相互通报；二是加强派出所、社区、司法所与吸毒人员家庭之间的相互联系，加强对吸毒人员的关心和管理，对戒毒康复人员、毒品犯罪刑满释放人员给予就业指导和帮扶，促使他们与社会再次融合；三是建立社区禁毒巡防机制，组织村民巡防队定期对辖区展开禁毒巡防工作，对外来行迹可疑人员进行盘查、对本村吸毒人员开展回访、并配合开展禁毒宣传等工作，鼓励村民积极加入到禁毒活动中来，共建无毒乡村；四是建立举报涉毒案件奖励和保护机制，鼓励村民主动检举揭发毒品案件；五是加强基层组织建设。建强骨干队伍，把有责任和担当意识的优秀村民作为党员发展的重点，优化党员队伍结构，增强基层党组织力量。对村党支部书记和班子进行禁毒防艾培训，建立禁毒防艾制度和符合村情的工作手册，重实干、强执行、抓落实，充分发挥基层党组织的模范先锋和战斗堡垒作用。

以上建议，请认真研究，制定措施，及时整改落实，并将落实情况于收到建议书之日起1个月内，书面函告我院。

云南省普洱市人民检察院
2018年11月7日

> 检察建议书亮点：严打赌博、高利贷犯罪，维护边疆社会善良风俗和法治良序。

云南省景谷傣族彝族自治县人民检察院检察建议书

景检公诉建〔2019〕××号

景谷傣族彝族自治县公安局永平派出所：

景谷傣族彝族自治县人民检察院在办理石某甲等人开设赌场案中，发现此案中参与赌博人数众多，赌博地点较为固定，赌博地点从集镇深入乡村，赌博时间长，赌资累计数额巨大。石某甲等人提供赌具和赌博场所，并在赌场向参赌人员当场放高利贷（一次放贷金额现金1万元）用于赌博，并抽头渔利。在借款人无法偿还债务时，石某甲等人采用威胁、恐吓、殴打、拘禁等方式向借款人强行索债，石某甲等人开设赌场及其恶劣行为当地群众早已知晓，并已严重扰乱当地经济、生活秩序。

通过分析石某甲等人开设赌场案件发现以下几个突出特点：

1. 你所对赌博行为打击疲软

本案中，犯罪嫌疑人石某甲、石某乙、胡某某曾因赌博被行政拘留10日，并处罚款1千元，但对3名犯罪嫌疑人的行政处罚并未实际执行，另对犯罪嫌疑人暴力强索高利贷殴打借款人的行为未作处罚，存在打击疲软，甚至放任情形。

2. 参赌人员文化水平低，以个体从业者居多

参赌人员文化水平低，对其参与赌博行为会导致本人家破人亡的危害程度无正确意识，同时未能正确认识到其行为触犯法律法规，应承担相应的法律责任。

3. 群众法律意识淡薄

本案中，开设赌场的地点之一是在村社摆酒席的家中进行，并且持续时间较长，参赌人员及其参加酒席的群众对赌博行为社会危害性未能充分认识，对看见赌博行为后，无报警或制止的意识，对赌博行为完全是一种放任的态度。

群众对提供违法犯罪案件线索的参与度不高。

4. 逼债方式多样，情节恶劣

参赌人员借高利贷后无力偿还债务时，犯罪嫌疑人强行将借款人车辆开走用于抵押债务，并用要挟、恐吓、殴打等方式逼迫借款人及家属签下"借条"强行索债，情节恶劣。

为维护当地一方社会治安，给予人民群众一个和谐稳定的社会环境，严厉打击非法高利放贷、赌博等违法犯罪，坚决贯彻中央"有黑除黑，有恶除恶，有乱治乱"的专项斗争精神，根据有关法律规定和《人民检察院检察建议工作规定（试行）》，提出如下检察建议：

1. 提高意识，严厉打击违法犯罪

景谷县永平镇全镇人口73821人，流动人口9000余人，人员较为混杂，当地工厂企业较少，可供就业岗位远远不能满足就业人口需求，容易滋生盗抢、赌博等违法犯罪。根据当地实际情况，既要保持对犯罪行为的高压打处，也要对一般违法行为进行高压惩处，特别是对具有易发、聚众赌博类的违法行为，绝不手软，发现一起，处罚一起，执行一起。

2. 加大法制宣传，增强民众法律意识

法制宣传改变以往的发小册子的方式，建议在永平镇两个广场设置电子屏幕滚动播放打击盗抢、赌博等违法犯罪的宣传视频。扩开宣传范围，充分发挥村社组织的作用，采取村社播放广播及集中开会的方式宣传赌、盗窃等违法犯罪法律知识。

3. 拓宽举报渠道，实现举报方式多样化

非法高利放贷、赌博等违法犯罪行为，现已出现从集镇蔓延到乡村的趋势，社会危害性增大，部分群众虽有举报意识，但鉴于群众对举报途径缺乏知晓，不知报向何部门。故拓宽举报途径，并做好保密工作。

以上建议，请你所根据实际情况认真研究落实，并将落实情况于30日内书面函告我院。

云南省景谷傣族彝族自治县人民检察院
2019年4月10日

> 检察建议书亮点：坚决整治非法采砂乱象，彻底摧毁黑恶势力的经济基础。

云南省镇沅彝族哈尼族拉祜族自治县人民检察院检察建议书

镇检一部建〔2019〕××号

镇沅彝族哈尼族拉祜族自治县水务管理局：

我院在办理刀某某、施某甲、施某乙等人犯罪一案中，犯罪嫌疑人刀某某高利放贷，之后，纠集社会闲散人员找债务人采取暴力或软暴力的方式进行索债，公安机关认定犯罪嫌疑人刀某某等人为恶势力团伙犯罪。犯罪嫌疑人刀某某自2013年开始，先后经营"刀某某沙场"及镇沅县某砂石有限公司。根据最高人民法院、最高人民检察院、公安部、司法部联合印发《关于办理黑恶势力刑事案件中财产处置若干问题的意见》的相关要求，要把扫黑除恶专项斗争引向深入，既要深挖黑恶势力"保护伞"，又要对黑恶势力"打财断血"，彻底摧毁黑恶势力的经济基础，以雷霆万钧、摧枯拉朽之势，除恶务尽、斩草除根，让黑恶势力无立锥之地。为了加大对黑恶势力的打击力度，威慑不法分子，维护市场经济发展秩序和社会治安稳定，实现良好的政治效果、法律效果和社会效果，针对这一问题，我院提出如下的检察建议：

一是贵单位应当高度重视扫黑除恶专项斗争工作，加强组织领导，在职责职权范围内开展扫黑除恶专项斗争工作，对辖区沙场进行摸排，根据摸排情况分别作出处理，对于发现涉黑涉恶的线索，应及时报送县扫黑办处理。

二是请贵单位核实犯罪嫌疑人刀某某经营的"刀某某沙场"及镇沅县某砂石有限公司是否依法办理了相关行政许可手续，现在是否还在经营，并根据扫黑除恶专项行动相关要求对犯罪嫌疑人刀某某经营的"刀某某沙场"及镇沅县某砂石有限公司依法进行相关行政处罚或者依法给予取缔。

根据《人民检察院检察建议工作规定》，为了依法严厉打击黑恶势力，推进社会治安综合治理，我院结合执法办案工作，特提出检察建议，希望在收到检察建议后 1 个月内作出处理并将处理结果书面回复本院。

镇沅彝族哈尼族拉祜族自治县人民检察院
2019 年 10 月 16 日

> 检察建议书亮点：加强成品油市场管理，整顿市场经营秩序。

墨江哈尼族自治县人民检察院
检察建议书

墨检公诉建〔2019〕××号

墨江县市场监督管理局：

近日，我院在办理赖某某等人涉黑案件中发现：赖某某在未获成品油经营许可的情况下，以批发价向中石油公司购入柴油后，多次加价转卖柴油八十余吨，销售金额高达数十万元。赖某某的行为严重扰乱了正常的成品油市场秩序，造成了国家税款的损失。同时，也反映出贵单位在监管方面存在一定的问题：

一、对成品油市场监管的重要性认识不到位。无证照经营成品油的行为，容易引发重大安全事故，给公共安全造成重大隐患。同时，也扰乱了市场监管秩序，给国家造成大量税款的流失。

二、部门之间协调配合不足。贵单位与公安机关、石油石化公司之间未能建立信息共享机制，对于非法经营成品油的情况不能及时通报，行政执法和刑事司法衔接不畅。

三、相关政策宣传不够。广大群众对成品油经营的相关规定不熟悉，对无证照经营成品油的危害性认识不足，缺乏安全意识和抵制意识，非法经营成品油行为得不到及时处罚和有效遏制。

为进一步整顿市场经营秩序，扫除黑恶势力滋生的土壤。根据《国务院对确需保留的行政审批项目设定行政许可的决定》《成品油市场管理办法》《人民检察院检察建议工作规定》特向贵单位提出如下建议：

一、提高对成品油市场监管的认识。成品油市场监管，是维护正常市场经济秩序的重要内容，是保障人民群众切身利益和生命财产安全的有效措施，关系到国民经济健康发展。贵单位要把成品油市场监管工作摆上重要议事日程，从维护社会经济平稳运行的高度出发，进一步增强责任感和使命感。加强组织领导，明确任务分工，落实具体责任。

二、加强部门协调配合，严厉查处违法经营行为。通过采取部门联动、联合执法等方式，发挥市场监管局在成品油整治中牵头作用。加强与公安、石油石化公司的协调配合，建立联席会议制度，及时沟通情况，强化信息通报和工作协调，有针对性地开展联合执法行动。尤其要加强对大项目、大工程、大企业等用油大户的排查力度，了解用油渠道。针对执法过程中发现的违法经营成品油的问题，要严厉打击，形成有力震慑。

三、扩大成品油整治宣传，调动群众参与积极性。市场监管部门要充分发挥舆论导向作用，利用手机短信、户外标语、微信平台等方式，深入宣传无证照经营行为的现实危害性，提高人民群众的支持度和响应率。特别是在加油站点、人员密集的公共场所，要加大宣传力度，公布举报电话，引导广大群众参与到成品油市场整治行动中来，扩大整治工作的影响力，形成声势，营造氛围。

贵单位如对本建议有异议，请在收到该建议书之日起 7 日内提出。并在收到该建议书之日起 2 个月内作出处理并将处理结果书面回复本院。

墨江哈尼族自治县人民检察院
2019 年 5 月 21 日

> 检察建议书亮点：打防并举、堵源截流，依法整治非法制造、贩卖、持有枪支犯罪。

云南省普洱市人民检察院
检察建议书

普检建〔2019〕××号

江城县公安局：

　　我院在办理江城县嘉禾乡八嘎村民委员会下大迭小组村民刘某甲涉嫌故意杀人一案中，发现当地村民有非法持有非制式枪支的问题。以刘某甲案为例，该案的作案工具系一支由射钉器改制成的射钉枪，具有杀伤力。从案件材料中显示，当地村民看见过刘某甲持枪上山打猎，而未向有关部门举报或反映。对此，应引起高度重视。

　　该案涉枪问题呈以下特点：1. 射钉枪的出处、来源至今不明，存有很大的安全隐患和不稳定因素。2. 射钉枪由射钉器改制成的，在弹膛内装入射钉弹后再填入金属弹丸击发，具有杀伤力。3. 该射钉枪同时配有射钉弹、铁砂。4. 非法持枪人经常在夜间窜山打猎，隐蔽性强。

　　该地涉枪问题案发原因：1. 枪支管理问题的社会宣传教育普及性和深入性上仍然不到位，许多农民对涉枪行为的违法性和危害性认识不足。例如刘案中，当地村民张某某的证言看见过刘某甲一个人背着枪上山打猎，却未向有关部门举报或反映。2. 当地村民安全意识淡薄，对涉枪犯罪的治安隐患性认识不足。殊不知，枪支并非寻常之物，一旦发生事故，后果不堪设想。例如刘案中，刘某甲母亲李某某、其弟刘某乙均知道刘某甲私藏了一支射钉枪，却不管不说，习以为常，对此表现冷漠和麻木，最终酿成一场家庭悲剧。3. 对偏远山区涉枪打击覆盖不全。例如刘案中，发案地位为江城县嘉禾乡八嘎村民委员会下大迭小组村，地处偏远山区，交通不便、信息闭塞，侦查难度大，不利于公安机关开展侦查工作。

　　根据《人民检察院检察建议工作规定》第5条、第6条的规定，提出如下建议：

1. 加强打击涉枪犯罪的执法力度：一是对嘉禾乡的涉枪案件重点地区、重点人群再次开展专项整治活动，组织治安、刑侦、派出所等部门，清查可疑人员，全面压缩涉枪违法犯罪的滋生空间，保持打击涉枪案件的高压态势；二是从源头着手，打击自制、改制非制式枪支行为，防止改造非制式、具有杀伤力枪支流入农村；三是加强派出所警力配备，按省市要求配备查缉装备，同时加强业务培训，提升对涉枪管理清缴、案件侦办工作的战斗力。

2. 加大法制宣传教育力度：一是进一步落实"加强领导、打防并举、综合治理、堵源截流"的工作思想，巩固和完善党委、政府统一领导、有关部门齐抓共管、广大村民广泛参与的综合治理机制，健全和完善"禁枪"法制宣传工作长效机制，加强督促检查，扎实落实各项"禁枪"法制宣传措施及各项规定；二是以开展"法律进乡村"活动为契机，向村民宣传有关"禁枪"方面的法律法规知识；三是积极参与地区组织的对结帮扶活动，加强案发地的基层组织建设，加强社会控制面，使涉枪犯罪没有容身之地；四是利用广播、电视台和互联网等新闻媒介广泛宣传，普及涉枪政策法规，激发村民检举揭发涉枪违法犯罪活动的积极性，实现对涉枪犯罪的综合治理。

以上建议，请认真研究，制定措施，及时整改落实，并将落实情况于收到建议书之日起 1 个月内，书面函告我院。

云南省普洱市人民检察院
2019 年 1 月 30 日

> 检察建议书亮点：建立完善多部门沟通协作机制，防范金融风险，规范金融秩序。

墨江哈尼族自治县人民检察院
检察建议书

墨检未检建〔2019〕××号

中国人民银行墨江县支行：

我院在办理涉黑案件中发现：赖某某、苏某某等人通过向银行贷款数百万元，向多名群众进行高利放贷（月息6%—10%），在借款人未能按期还款的情况下，通过实施非法拘禁、非法侵入住宅、敲诈勒索等犯罪进行暴力讨债。苏某某以开办寄售行为名，实则经营高利放贷业务。这些案件严重破坏了金融管理秩序和社会管理秩序，同时也反映出贵单位在对金融安全管理方面存在一定的问题：

一是对高利贷的危害认识不足。从放贷资金来源来看，有放贷人的自有资金，也有通过各种途径套取的银行贷款。这种资金来源结构决定了一旦收不回贷款，或将导致金融机构呆账坏账，危及金融安全，扰乱正常的金融秩序。从追讨高利贷的手段看，放贷人大多采用违法犯罪手段进行追讨。由于高利贷获利快、获利多，黑社会性质组织通过高利放贷聚敛财富，以维持组织正常运作，给犯罪团伙提供了有力的财力支持。当借款人无力偿还时，就进行暴力逼讨，于是非法拘禁、非法侵入住宅、敲诈勒索等违法犯罪现象便随之发生。

二是部门之间缺乏协调配合。根据《非法金融机构和非法金融业务活动取缔办法》的规定："未经中国人民银行批准，任何单位和个人不得擅自设立金融机构或者擅自从事金融业务活动。非法金融机构和非法金融业务活动由中国人民银行予以取缔。"贵单位未能与公安机关、市场监管部门建立信息共享机制及时取缔非法金融机构和非法金融业务活动，导致上述情况在墨江县城范围内长期存在。

三是金融政策宣传不足。广大群众对金融管理部门的职责模糊，对金融方面的政策法规不熟悉。缺乏风险防控意识和抵制非法民间借贷活动意识，非法金融机构和非法金融业务活动得不到及时处罚和有效遏制。

为进一步防范金融风险，有效预防和减少高利放贷引发的暴力犯罪，根据《中华人民共和国银行业监督管理办法》《中华人民共和国商业银行法》《非法金融机构和非法金融业务活动取缔办法》和《人民检察院检察建议工作规定》，提出以下建议：

一是提高认识，防范风险。应当充分认识高利放贷特别是涉黑性质的高利放贷行为已经严重影响金融秩序和社会稳定，从贯彻落实全面依法治国基本方略、维护经济金融秩序、保持经济和社会稳定的高度出发，认真抓好相关工作。

二是建立部门之间的协调配合机制。加强与公安、市场监管部门的协调配合，建立联席制度，定期或不定期召开联系会议，及时获取高利放贷线索，严厉查处非法金融机构和非法金融业务活动。对金融机构为非法金融机构或非法金融业务活动开立账户、办理结算和提供贷款的，责令该金融机构立即停止有关业务活动。

三是加大金融政策的宣传。金融管理部门应加大国家金融政策、法律、法规的宣传力度，整顿规范民间借贷活动，向广大群众明确指出高利贷行为的违法性和危害性，增强广大人民群众的风险防范意识，引导自觉抵制非法民间借贷活动。

如对本建议有异议，请在收到该建议书之日起 7 日内提出。请在收到该建议书之日起 2 个月内作出处理并将处理结果书面回复本院。

云南省普洱市墨江哈尼族自治县人民检察院
2019 年 4 月 1 日

> 检察建议书亮点：依法查处非法手段催收贷款行为，提升人民群众防范金融风险能力。

云南省普洱市思茅区人民检察院
检察建议书

思检建〔2019〕××号

普洱市公安局思茅分局：

我院在办理系列"非法高利贷"案件中发现普洱市思茅区存在大量以放贷为业的公司或个人，这些公司或个人以高利放贷后采用故意伤害、非法拘禁、侮辱、恐吓、威胁、骚扰等非法手段催收贷款，严重扰乱了经济金融秩序和社会秩序。

在办理案件中，我院发现贵单位存在如下问题：

一、对非法手段催收处警不力，致使违法犯罪行为得不到制止和惩罚，助长了违法犯罪人员的嚣张气焰；

二、对银行监督机构协调配合不够，对从事非法金融业务的机构和非法金融业务活动打击力度不够；

为维护经济金融秩序保持经济和社会稳定，贯彻落实全面依法治国基本方略，根据最高人民法院《关于审理民间借贷案件适用若干问题的规定》《非法金融机构和非法金融业务活动取缔办法》以及《人民检察院检察建议工作规定（试行）》相关规定，本院特向你单位建议：

一、加强辖区民警对处置民间借贷非法手段催收贷款的行为的培训，及时查处民间借贷中的非法手段催收贷款行为，构成犯罪的依法立案侦查，对尚不构成犯罪的，处以治安管理处罚，严厉打击违法犯罪分子的嚣张气焰，防止人民群众求告无门；

二、严查每个案件背后是否存在渎职行为及存在保护伞；

三、加强与中国人民银行、银监局等银行业监督管理机构的协调配合，及时查处非法金融机构和非法金融业务活动；

四、及时向银行业务监督管理机构提供查处的非法金融机构和非法金融业务活动,提请银行业监督管理机构依法取缔非法金融机构和非法金融业务活动,对从事非法金融机构和非法金融业务活动的机构和个人进行处罚;

五、采取各种有效方式向广大人民群众宣传国家金融法律法规和信贷规则。及时向社会公布典型案例、加大宣传教育力度,强化风险警示,增强广大人民群众的风险防范意识,引导自觉抵制非法民间借贷活动。

请贵单位在收到本检察建议后,认真研判,并及时书面向本院反馈落实情况。

云南省普洱市思茅区人民检察院
2019 年 2 月 16 日

> 检察建议书亮点：加强对传销重点区域的流动人员、出租房排查清理，依法打击非法传销。

云南省普洱市思茅区人民检察院
检察建议书

思检民（行）行政违监〔2019〕××号

普洱市思茅区思茅镇人民政府：

　　本院在办理张某某、汪某某等5人涉嫌组织、领导传销活动，吴某某、李某等30人涉嫌非法拘禁案等一系列案件中，发现在你辖区内的晨北小区、腊梅坡居民小组、福源社区等地，有大量外来人员向当地居民租赁房屋聚集从事非法传销活动。

　　现查明：2018年12月，犯罪嫌疑人张某某、汪某某等人在思茅区南屏镇曼连居民委员会刀官寨居民小组、高家寨居民小组、懒火地居民小组、思茅镇晨北小区、腊梅坡居民小组、福源社区等地租赁居民出租房用于从事非法传销活动，大量外来人员聚集、参与该传销组织。该组织租赁的每一间出租房内，安排聚集6—8名成员进行互相讲课及非法拘禁新来人员的传销活动，参与该传销组织的人员达到80余人。2019年2月中旬至2019年4月中旬，经普洱市公安局思茅分局对上述区域的出租房进行排查，该传销组织陆续被查获才得以打击铲除。该组织长期在上述区域活动，但你单位对辖区内的该传销活动未依职责进行治理。传销活动直接危害市场经济秩序和社会和谐稳定，事关人民群众切身利益、社会和谐稳定大局，依法防范、打击传销活动对确保人民安居乐业、社会安定有序、国家长治久安、建设平安中国有重要意义。本院认为，根据《禁止传销条例》第3条"县级以上地方人民政府应当加强对查处传销工作的领导，支持、督促各有关部门依法履行监督管理职责。县级以上地方人民政府应当根据需要，建立查处传销工作的协调机制，对查处传销工作中的重大问题及时予以协调、解决。"的规定及《普洱市思茅区南屏镇机构编制设置方案》《思茅区"法治乡（镇）"建设指导意见（试行）》《关于进一步明确思茅区打击传销工作联席会议和成员单位工作职责的通知》的相关规定，你单位承担着平安建设、社会治安综合治理、维护稳定的职责，对打击、防范传销活动负有不可推卸的责任，但你单位却对辖区长期存在的传销活动未进行治理，未掌握辖区房屋出租情况及流动人口基本情况。张某某、汪某某等5人涉嫌组织、领导传销活动、吴某某、李某等30人涉嫌非法拘禁案等一系列案件，暴露出你单位的社会治理工作存在明显的管理漏洞，对传销活动的治理、预警、防范工作需要加强和改进。

综上，根据《人民检察院检察建议工作规定》第11条第（三）项的规定，现向你单位提出如下建议：

一、充分认识依法打击传销工作的重要性，完善对传销活动的防控、遏制措施，加强对辖区内传销重点区域的流动人员、出租房排查清理工作，依法打击、治理传销活动。

二、强化宣传，提高群众的法律观念和防范传销活动的意识、警惕性，营造全民共同参与抵制传销的良好氛围。

请在收到检察建议后1个月内将处理结果书面回复本院。

云南省普洱市思茅区人民检察院
2019年6月27日

> 检察建议书亮点：加强监督制约，形成权责分明、平衡制约、运作有序的财务内控机制。

云南省普洱市思茅区人民检察院检察建议书

思检建〔2019〕××号

中国共青团思茅区委员会：

我院查办赵某涉嫌挪用公款案件中，中国共青团思茅区委员会充分反映出在管理、监督财务人员过程中，存在管理不到位，监督缺失的问题，引发出纳赵某涉嫌挪用公款案件，其主要原因是单位领导管理、监督不力，同时单位在对财务工作进行审核、审批中没有做到分级审查，单位领导对财务状况不清楚，对财务工作应该分层管理、多人监督，定期、不定期进行检查。

一、问题的来源

赵某在担任中国共青团思茅区委员会办公室主任、报账员期间，利用职务之便利，通过从单位账户虚列支出项目分两次填写转账支票的方式，将人民币32000元转到个人账户归个人使用；虚列支出项目分13次的方式填写支票提取现金223000元、转账393590元到个人账户；从区委财务室账户借支47987元至今未提供发票充抵借款；从思茅区委财务室账户报销账户支付款6666元，共计703234元归个人日常生活开支及购买彩票。赵某实际占有使用中国共青团思茅区委员会资金653234元，至今未归还。

二、犯罪原因分析

赵某挪用公款案，我院从案发的成因、主客观因素、规律特点等方面入手，抓住案件暴露出来的突出问题，有的放矢地详细询问赵某的工作、学习、生活、廉洁自律、遵章守纪等情况分析问题，造成赵某犯罪的主要原因有以下两个方面：

（一）主观方面的原因

1.虚荣心和攀比心理诱发犯罪。报账员每天都与钱打交道，有的人受拜金主义、享乐主义等社会不良风气的影响，滋生了贪慕虚荣、盲目攀比的心理,将手伸向经管的公款。

2. 贪欲心理膨胀。赵某家庭条件一般,想改变现状,但不是通过自身努力,而是想着不劳而获,想着赌博和购买彩票来钱快,最后私款不够,就动了公款的心思。

3. 守法意识淡薄。涉案人员对财会纪律、挪用公款的法律常识是清楚的,但是违反财经纪律的情况见得多了,守法意识逐渐淡薄,胆子越来越大,往往采取作假账、多列支出的方式,企图掩盖犯罪行为。在谈到走上犯罪道路的心理因素时,涉案人员都能认识到自己没有坚守住法律的底线。

(二)客观方面的原因

1. 财务制度不健全。从案件查处情况来看财务制度运行存在漏洞,使财务人员犯罪如探囊取物。赵某违反有关规定,报账员赵某违法填写现金支票,并且不与会计对账,单位各财务人员理应是监督与被监督的相互制约关系,但实际上,会计并没有发挥监督的作用。

2. 对财务工作监管力度不够。单位在健全财务制度的同时,却忽视了执行效果,财务工作的事前审核、事中复核、事后监督等工作流于形式,未能对财务工作进行有力监督。单位不进行财务审计检查,即使开展财务检查,也是走过场,不注意财务凭证核销手续不规范所隐含的问题。

3. 对财务人员教育不足。从案件中可以看出,涉案人员抱有侥幸心理,自律意识不强,法制观念淡薄,除了其自身素质差之外,客观上发案单位缺乏对财务人员的法制观念教育和正确引导。

三、治理防范的具体意见

针对赵某挪用公款案暴露出来的问题,为有效加强干部队伍的教育监督力度,完善中国共青团思茅区委员会监督制约机制,堵塞漏洞,建立健全各项规章制度,以案析理,有效地开展行业职务犯罪预防工作。现将中国共青团思茅区委员会应当解决、完善的方面,建议如下:

(一)建立健全财务管理制度

在实践中,很多财务人员职务犯罪案件,都是因为没有严格执行国家的法律、法规,单位缺乏科学、有效的财务管理制度。会计法中对财务工作有明确的规定,但每个单位财务工作的内容不尽相同,这就要求各单位结合实际制定科学具体的制度,使财务管理真正做到有章可循。通过建立健全本单位的资金使用审批制度、会计监督制度、定期对会计资料进行内部审计、加强对报销单据的审核工作等一系列措施,形成权责分明、平衡制约、运作有序的财务内控机制,对单位账证核对、账账核对、账实核对每年至少要进行一次对账工作。

(二)健全监督制约机制

一是要强化财务人员间的监督。财务工作中会计、出纳的岗位职责必须分工明确,才能形成有效的相互制约、互相监督。二是开展经常性的财务检查。

只有切实开展经常性的财务检查工作，问题才会及时发现，财务制度才能得以不断完善、落实。三是充分发挥审计监察部门的监督作用。四是依靠职工、群众进行社会监督。对财务收入和支出的项目和金额，应尽量向本单位公开，增加财务工作透明度，接受全方位监督。对某些财务人员的生活消费水平超过正常收入、合法投资超过经济能力等情况，依靠群众监督往往能及早发现问题。

（三）预防关口前移、严把用人关

对于会计、出纳人员的选用，应全面考察、严格把关。应将懂业务、有经验、守法观念强、自律意识强的人员安排到财务岗位。单位既要坚持会计资格审定制度，对相应的专业任职资格进行考察，又要注重对思想道德素质的考核。对于财务负责人的选用，更是要提高门槛，全面考察任职资格、资历和政治素质。

（四）加强财务人员的法制教育

一个合格的财务人员既应具备娴熟的业务知识，又要掌握法律知识，具备抵御风险的能力。加强对财务人员职业道德和职业素养的培训，提高财务人员整体素质。加强违法违纪案例警示教育，对违反财务制度的行为，要严格依法追究责任。行业主管部门要严格按照会计法的规定，做出相应的处罚乃至吊销会计从业资格。对于构成犯罪的要移送司法机关，使有犯罪苗头的人员充分感受到法律的威慑力。

针对以上建议，请你单位研究解决，并将落实情况15日内以书面形式告知我院。

云南省普洱市思茅区人民检察院
2019 年 3 月 5 日

> 检察建议书亮点：建议加强职工管理，保障企业依法健康发展。

云南省宁洱哈尼族彝族自治县人民检察院检察建议书

宁检建〔2019〕××号

中铁十局集团有限公司玉磨铁路项目经理部：

2017年、2018年以来宁洱哈尼族彝族自治县公安局移送我院审查起诉的刑事案件中，涉及几起案件中被害人为你单位职工，一起案件为施工单位涉嫌犯罪，根据上述情况向你单位提出以下建议：

一、加强管理，约束好职工行为。因你单位涉及施工路段多，存在工程外包，施工人员多，关系复杂的客观情况，在管好工作时间工作人员行为的同时，要加强对工作人员工作时间外行为的约束，防止侵害发生。

二、加强法制宣传，防止触碰法律底线。法制宣传教育不能丢，在职工培训学习时进行法制宣传，尤其是施工可能涉及的如滥伐林木、非法占用农用地等罪名，及会导致的严重后果及时进行宣传，提高职工法律意识，防止触碰法律底线。

现将上述情况告知你单位，建议你单位在今后的工作中加以注意和改进。整改措施及相应情况请及时书面告知我院。

云南省宁洱哈尼族彝族自治县人民检察院
2019年3月29日

> 检察建议书亮点：加强病历记录材料管理，规范外伤患者收治程序。

云南省孟连傣族拉祜族佤族自治县 人民检察院检察建议书

孟检刑检建〔2019〕××号

孟连傣族拉祜族佤族自治县人民医院：

　　本院在办理李某某、岩某甲、孔某某故意伤害案，刀某某故意伤害案中发现，你单位对送去抢救人员的病历管理存在记录不规范、不完整，甚至没有记录的情形。

　　现查明：1. 孟连县公安局向你单位调取2012年孟连县社区戒毒康复中心送去抢救的被害人岩某乙死亡病历记录等材料，出现调不到病历记录材料的情形；

　　2. 孟连县公安局勐啊边防派出所向你单位调取2018年被害人王某某病历记录出现与其本人姓名、出生日期、伤害的情形与实际情形不符。

　　本院认为，病历是医务人员在医疗活动中依职权制作的公文书证，具有重要的医疗、科研价值，也是法律意义上的医疗行为证据。针对以上出现的情形，你单位应加强病历管理，保证病历资料客观、真实、完整，现根据《医疗机构病历管理规定》《人民检察院检察建议工作规定》第3条的规定向你单位提出如下检察建议：

　　医院出现外伤的患者，医院应让患者签署是自伤还是他伤的相关协议，如果是他伤，及时与孟连县公安局联系，做好患者的相关检查及记录工作，以便办案部门能及时固定案件证据。为更好开展该项工作，请与孟连县公安局进行协商并建立相关协作机制。

　　请于收到本检察建议书后1个月内将办理情况书面回复本院。

云南省孟连傣族拉祜族佤族自治县人民检察院
2019年3月27日

> 检察建议书亮点：加大执法检查，严格执行宾馆入驻实名登记制度。

云南省景东彝族自治县
人民检察院检察建议书

景检建〔2019〕××号

景东彝族自治县公安局：

　　本院在办理杨某某涉嫌强奸罪、熊某某涉嫌强奸罪等案件中发现，景东县景福镇古里街"某宾馆"曾多次发生未成年被害人被强奸的案例，案发地宾馆未对入住人员进行严格的登记制度，致使未成年被害人深夜被带到宾馆，遭到了侵害，你局对辖区内各旅馆、旅店安全管理存在监管不力等情况。针对以上问题，为依法履行监督职能，预防、减少成年人犯罪，落实各项管理制度，消除社会不安全因素，根据《中华人民共和国人民检察院组织法》和《人民检察院检察建议工作规定》的相关规定，对你局提出如下检察建议：

　　1. 建议你局组织开展对辖区旅馆执业场所的执法检查，依职权加强监管管理，完善酒店登记入住制度，并责成相关辖区内的旅馆执业人员严格执行登记制度，一旦发现未执行登记制度的严格按照《治安管理处罚法》的相关规定依法处罚，对发现重点人员，如女未成年人、女智障人员等，特别是酒醉状态的未成年人女性进出宾馆房间的更应该登记管理，并及时报警或是规劝阻止进入。

　　2. 针对多起案件发生地的景东县景福镇古里街"某宾馆"多次因未严格执行酒店入住登记规定，从而导致多名幼女在该宾馆遭到性侵害的严重社会危害后果，请你局依照《治安管理处罚法》的相关规定依法作出相应处罚，并严格执行。

　　3. 建议你局对旅馆行业经营者进行法制宣传教育，督促其加强管理，严格遵守相关法律法规及执业规范等，预防和减少类似犯罪。

　　以上建议，请你局认真对待，及时处理，并将建议落实情况函告本院。

云南省景东彝族自治县人民检察院
2019 年 3 月 12 日

九、建议加强基层组织建设，夯实基层基础

> 检察建议书亮点：提高思想认识，加强基层管控，优化基层干部选拔。

云南省西盟佤族自治县人民检察院
检察建议书

西检建〔2019〕××号

西盟县力所乡人民政府：

　　我院在办理岩某甲、张某某、岩某乙、岩某丙涉嫌寻衅滋事罪、敲诈勒索罪、岩某丁涉嫌寻衅滋事罪一案过程中，发现涉及基层组织软弱涣散的情况，现结合执法办案和法律监督职能，依法向贵单位提出检察建议。

　　一、提出建议的起因

　　我院在办理案件过程中，发现岩某甲、张某某、岩某丙、岩某乙作为西盟县力所乡图地村班同组村民，自2015年以来为获取非法利益，经常纠集在一起，形成相对固定成员的家族恶势力，在西盟县力所乡一带横行乡里，以暴力、胁迫的手段，多次实施敲诈勒索、寻衅滋事的犯罪活动，为非作恶，欺压百姓，严重扰乱当地社会生活秩序，造成恶劣的社会影响，引起了群众的不满。嫌疑人岩某丙长期担任图地村班同一组组干部，为获得非法利益，与岩某甲父子纠集在一起，多次积极参与实施寻衅滋事、敲诈勒索犯罪活动，岩某甲则利用岩某丙在图地村班同组的威望及家族势力欺压百姓，导致村民敢怒不敢言。图地村的部分村组干部在调查中称岩某甲、张某某、岩某乙平日经常不配合村组干部的工作安排，打着"佤族道理"的幌子在力所乡一带为所欲为，甚至以在县上、市上有熟人为由威胁村组干部的日常管理工作，当地村组干部对岩某甲父子平日寻衅滋事、敲诈勒索他人财物、欺压村民的违法犯罪行为都有所耳闻，却不敢管、不想管。在岩某戊有被敲诈勒索案中，岩某甲等人使用

胁迫手段向岩某戊有夫妇索要高额赔偿，岩某戊有请力所村阿佤来组的组干部岩某戊、岩某己等人帮忙处理纠纷，岩某戊、岩某己作为村组干部明知岩某甲等人索要的赔偿数额明显不合理，本应制止岩某甲等人名为"赔偿"实为敲诈勒索的违法行为或向公安机关报案，但又不敢得罪岩某甲等人，任由他们强行向岩某戊有夫妇索要了 24000 元，事后岩某戊、岩某己等人还收到岩某甲给的每人 50 元"辛苦费"，变相助长了嫌疑人的嚣张气焰。本案中多名受害人都声称被岩某甲等人强行索要"赔偿"时，明知"赔偿"要求不合理、不合法，但见到村组干部无人管、不敢管，害怕遭到事后报复，不敢通过正当渠道维权，只能忍气吞声，任凭恶势力敲诈勒索，导致来西盟务工的高某被岩某甲敲诈勒索 2 万元后不敢报警离开西盟，钢筋店老板罗某某在两个月内 4 次被班同组村民敲诈勒索后只能变卖店铺离开西盟，对西盟县的招商引资工作造成了消极负面的影响，破坏了安定有序的社会秩序。

作为基层组织人员的村组干部对群众的正当利益诉求采取不作为、乱作为的态度，严重损害了党和政府在群众心目中的形象，激化了人民群众与基层党组织和基层政府的矛盾，大大降低了群众安全感、满意度，不利于基层和谐稳定。

二、存在问题的原因分析

认真分析岩某甲等人常年利用家族势力，横行乡里，恃强凌弱，多次实施敲诈勒索、寻衅滋事、扰乱社会秩序等违法犯罪行为，嚣张气焰不断高涨，从而演化为恶势力犯罪，主要有以下原因：

（一）普法力度不够，群众法律意识和法律观念淡薄。一是农村群众受多种因素的影响，普遍受教育程度不高，平均学历偏低，对法律知识知之甚少，对法律条文理解有限，根本无法掌握法律条文的含义，更不能利用法律保护自己。在生活中产生的矛盾纠纷往往不借助于法律解决问题，心中也没有法律观念，更愿意通过家庭、家族势力，以武力、谈判的方式私下解决或人情调解。二是农村黑恶势力通过侵犯一部分人的利益，来满足另一部分人的利益，从中赚取差价，造成了更多村民为了自身的利益通过黑恶势力犯罪来获得所谓有利于自身的利益，而把自己置于农村黑恶势力的控制之下。

（二）基层组织管理力度不够，社会综合治理存在漏洞，滋生犯罪土壤。一是基层组织由于人员少，压力大，事务多，基层农村的管理力度弱化，出现权力真空，在面对农村黑恶势力发展壮大时往往有心无力，有的只要不出现原则性群体性事件，往往睁一只眼闭一只眼，黑恶势力的发展有了"可趁之机"。二是近年来国家出台了许多惠农政策，农民收入在总体上有了明显增长，但城乡居民收入差距较大，农民陷入"相对贫困"的境地，其脱贫要求特别强烈。有的人在极端膨胀的私欲驱使下，企图通过组织黑恶势力来敛财暴富，不惜铤而走险，结成帮伙，形成农村黑恶势力与社会相对抗。同时当农民的利益受到侵害而得不到维护和保障时，他们就将求助于黑恶组织，这就为农村黑恶势力犯罪提供了机会。三是对农村受过刑事处罚、治安处罚的人员和农村剩余劳动力不能有效监管，也不积极引导他们去创业就业，这些人就容易被黑恶势力拉拢而成为其成员。

（三）基层党组织建设存在缺陷，软弱涣散。一是由于基层人少事多的矛盾性结构，加上对村一级基层组织监督管理工作还存在着考核机制不健全、干部管理不规范、监督力度弱化等问题，对村组干部违法犯罪问题有的不能及时处理，甚至还护短，在治理时出现了本末倒置的治理模式。二是当前农村基层干部的整体文化水平不高、党性意识不够强，治理能力与水平不高，组织开展农村工作的难度较大，为农村黑恶势力发展提供"可趁之机"。一些基层村组干部的党性意识不强，经不住黑恶势力的拉拢与腐蚀，自觉或不自觉地堕落为黑恶势力成员或为其充当"保护伞"，他们对黑恶势力的不法活动视而不见，对群众的呼声充耳不闻，严重挫伤了人民群众与黑恶势力作斗争的积极性和信心，助长了黑恶势力的嚣张气焰。

三、社会治理防范的具体建议

针对以上发现的问题，为依法履职，有效打击黑恶势力犯罪，深挖彻查，贯彻落实"有黑扫黑、有恶除恶、有乱治乱"的工作要求，把扫黑除恶与加强基层组织建设紧密结合起来，夯实筑牢基层党组织建设，确保扫黑除恶专项斗争有力有效推进，根据《中华人民共和国人民检察院组织法》第21条和《人民检察院检察建议工作规定》第3条、第5条、第11条之规定，对贵单位提出以下建议：

（一）加强思想认识，提高政治站位，强化基层组织建设。整顿软弱涣散党组织，加强基层组织建设，是铲除黑恶势力滋生土壤的治本之策、关键之举，务必把这个基础夯实筑牢。一是明确对象整顿。根据党风廉政建设工作考核和日常巡视巡察情况，对基层党建工作落实不力、考核排名靠后的村支部书记，进行集中约谈、重点整顿。切实发挥好驻村第一书记的作用，以抓好基层组织建设作为"第一职责"，把建强班子推动发展和群众脱贫作为最大工作任务。二是突出重点整顿。对各级党建工作巡察反馈的问题和人民群众反映强烈的问题，通过开展深入自查，对全体村干部来一次全面"体检"，重点查村干部有没有涉黑涉恶，有没有违规参与村组扶贫项目等建设，对侵害群众利益、插手村组项目、违反组织生活原则的村干部要坚决调整一批，对涉黑涉恶的要坚决予以打击。三是因村施策整顿。坚持"一村一策"开展专项整治工作，对一些涉黑涉恶的村组干部，进行严厉打击，形成有效威慑；对一些历史遗留问题较多，民主管理混乱的村组，进行专项清理；对一些群众意见较大，上访现象较为严重的村组，拟定矛盾化解的措施和办法，争取能够将问题逐步解决；对一些基础设施落后、经济基础薄弱的村组，协助制定发展计划，通过引入项目、投入资金等方式，完善办公场地、活动场所建设，培育富民增收的主导产业。

（二）加强基层管控，优化干部选拔。一是坚持党的领导，坚持依法办事，坚持民主公开。突出政治标准，对村"两委"班子成员从严把关，严防黑恶势力向基层组织渗透，确保把那些"想干事、能干事、政治过硬、品质优良"的人员选进村"两委"班子。二是加强教育培训，促进村"两委"班子成员能力素质不断提升。结合"两学一做"学习教育和"不忘初心、牢记使命"主题教育，规范开展"三会一课"，严肃基层组织党内政治生活，使党员干部树牢"四个意识"，坚决做到"两个维护"。三是深挖彻查涉黑涉恶案件背后腐败问题，深挖背后的"关系网"和"保护伞"，对存在的问题线索依法移交纪检机关，对查实的问题坚持依法依规处理，严肃追责问责，以问责倒逼工作责任落实。

（三）加强部门联动，社会齐抓共管。一是加强社会治理力度。建立健全扫黑除恶专项斗争工作机制，层层压实责任，联合政法部门对于农村黑恶势力采取"依法严惩、打早打小、除恶务尽"的方针，遏制其势力的形成和发展。二是抓好社会防控工作。制定积极就业方案，让无业、失业的农村群众再培训、再上岗，防止农村群众"由白向黑"转化。加强对刑释人员进行帮扶教育，防止其再犯罪。建立健全农村黑恶势力犯罪信息网络和预警系统，及时了解和掌握他们的动向。三是加大打击力度，杜绝"黑恶"势力侵蚀基层组织政权。坚决杜绝"黑恶"势力进入村干部队伍，坚决遏制"黑恶"势力干扰和暴力介入换届选举等行为，对参与或指使他人以暴力、威胁、欺骗、贿赂、伪造选票、虚报选票数等手段，以及利用家族、宗族势力等破坏、妨碍选举的，坚决依法严厉打击。四是积极发动群众参与扫黑除恶专项斗争。推行线索举报奖励制度，深入重点区域、重点企业、重点村组进行法律宣讲，公布举报方式，鼓励广大村民积极检举揭发涉黑涉恶违法犯罪，同时建立对举报人的保护机制，在全社会营造对黑恶势力如"过街老鼠、人人喊打"的氛围。

（四）加大普法力度，增强法律意识。一是抓好全面普法教育。以重点区域、重点村为主体，采取集中讲授、播放专题片、发放宣传资料等方式，对广大农村群众进行普法教育，同时通过广播、电视、网络等新闻媒体方式进行扫黑除恶专项斗争工作开展的广泛宣传。二是成立专业普法队伍。组织司法机关共同成立一支素质高、业务精、事业心强的普法队伍，定时到重点区域、重点村进行普法宣传、开展普法教育，创新宣传方式与模式，采用村民喜闻乐见的形式制作具有时代特征的网络视频和微电影开展法治宣传与教育，对法律条文实行简单通俗有趣化宣传等，为农村群众解答法律方面的疑难问题，发展普法志愿者进村入户给农村群众普法、释疑，使法律能够入村民心脑，通过多种方式切实提高农村群众的法律知识水平。三是增强青少年法律意识。建立和谐、干净、守法的农村校园环境，通过潜移默化的影响，让农村青少年深刻认识黑恶势力对社会、对他人、对自身的危害，树立正确的世界观、人生观、价值观。加强农村学校教师的法律知识素养提升，为农村学校增设法律讲堂，加强学生对我国基本法律的认识和了解。呼吁农村学生家长将家庭教育和学校教育结合，对农村青少年学生耳提面授，提高青少年知法、守法、护法的自觉性。

  请贵单位收到建议后认真研究解决，并将整改落实情况在 1 个月内书面回复我院。我院将适时对整改情况进行跟踪了解、督促落实。

云南省西盟佤族自治县人民检察院
2019 年 3 月 31 日

> 检察建议书亮点：加强基层党组织阵地建设，认真排查矛盾纠纷和重大风险隐患。

云南省澜沧拉祜族自治县人民检察院
检察建议书

澜检侦监建〔2019〕××号

中共澜沧县上允镇党委、镇人民政府：

上允镇竜浪煤矿"11.26"案件发生后，我院及时派员深入案发地了解案情，在该案的引导侦查取证、审查逮捕和审查起诉过程中，发现案件中反映出如下问题：

一、基层组织建设存在缺失。一是竜浪村民小组干部选任把关不严，时任小组长李某甲、会计李某乙等人，政治立场不坚定，没有正向引导小组群众正确处理与竜浪煤矿之间的纠纷；二是基层党组织软弱涣散，对党员的监督管理薄弱，未能及时、全面、准确地掌握党员表现情况，一名党员参与本案犯罪。

二、阵地建设缺失。从案发后实地查看竜浪小组情况看，组内缺乏脱贫攻坚、扫黑除恶等正向宣传氛围。组干部经常把召集村民议事的地点放在寺庙内，社会主义核心价值观教育未深入人心，打砸煤矿时将煤矿外社会主义核心价值观宣传栏砸毁。

三、社会综合治理存在漏洞。一是涉及农村、农民群体的民间纠纷风险预警防范措施滞后，未能提前介入，主动干预，有效管理，致使少数不法分子乘机利用群众对利益诉求不满、盲从易被裹挟的特点，形成正常社会秩序外的非法控制和约束，横行乡里，称霸一方，严重干扰和破坏了当地企业和村民正常的生产生活秩序；二是重点人群管控不到位，多名具有吸毒前科的违法人员在事件中煽动起哄，暴力参与打砸煤矿，阻碍公安机关执法，是导致事态扩大的重要因素。

四、村民法律意识淡薄。一是法不责众思想严重。竜浪组村民2013年以来三次聚众对煤矿进行打砸，对行为所要承担的严重法律后果不以为然，"11.26"打砸以后抱团抗拒执法，聚众持械冲击派出所；二是依法维权意识淡薄。刀某甲、刀某乙等组干部优亲厚友，随意分配低保名额，截留农户低保金用于修建寺庙及其他方面，直接侵害了滝浪组贫困群众的切身利益，但贫困群众长期以来均未深究是否合法，并有效维护自身合法利益。

为进一步加强源头防范治理，强化基层组织建设，深入推进我县扫黑除恶专项斗争，根据《人民检察院检察建议工作规定》第9条的规定，特提出如下检察建议：

一要提高政治站位，增强扫黑除恶责任感。党委政府要结合开展扫黑除恶专项斗争，认真排查矛盾纠纷和重大风险隐患，加强社会治理，对影响社会和谐稳定的各种犯罪依法打击，营造安定有序的社会氛围。

二要加强组织建设。强化党建工作，提升党员党性修养，坚定理想信念，强化宗旨意识，从严从实管理党员。严格落实村组干部换届联审机制，把好选任关，把政治强、敢担当、有能力的干部放到领导岗位，确保党的路线方针政策得到正确贯彻执行。

三要加强阵地建设。发挥好村民小组活动室议事决策、党群活动、边民服务的阵地作用。正确引导信教群众，加强对宗教场所的管理，不断增强群众对社会主义核心价值观、党的领导和社会主义制度的认同。做好思想舆论宣传工作，占领思想舆论主阵地。

四要加强法制宣传教育。结合"11.26""12.06"案件，以案释法，加强对党员干部、村民的法治教育和社会主义核心价值观教育，增强尊法守法学法用法意识。结合脱贫攻坚工作，抓好"自强、诚信、感恩"教育，让老百姓真心听党话、感党恩、跟党走。

云南省澜沧拉祜族自治县人民检察院
2019年3月31日

检察建议书亮点：健全完善工作机制，深化基层自治实践。

云南省普洱市思茅区人民检察院检察建议书

思检公诉建〔2019〕××号

普洱市思茅区思茅镇三家村居民委员会：

我院在办理李某甲、李某乙等3人寻衅滋事、敲诈勒索、诈骗、非法占用农用地罪一案中，经过深入分析思茅区思茅镇三家村一社李某甲、李某乙等3人恶势力犯罪案发原因，发现基层党组织建设存在缺陷，涉及农村、农民群体的民间纠纷风险预警防范措施滞后。具体表现在：

1. 社会综合治理存在漏洞。李氏三兄弟在三家村一带十余年利用宗族势力，恃强凌弱，称霸一方，严重干扰和破坏村民正常生产生活秩序。

2. 基层政权建设软弱。李氏三兄弟长期非法占用集体土地100余亩，截留集体水源，村民多次向三家村居民委员会反映，你单位均未予以解决，也未及时向相关部门如公安机关、森林公安等部门报案，这与你单位存在监督、管理跟进不到位，未全面履行监督管理职责。

3. 群众法律意识不强，法律宣传不到位。李氏三兄弟在三家村一带横行乡里，恃强凌弱，称霸一方，严重干扰和破坏村民正常生产生活秩序，但村民法律意识不强，对违法犯罪行为缺乏认知，在自身权益受到侵害时不能寻求法律途径予以保护。与你单位法律宣传不到位有关。

为维护社会稳定，保护人民群众人身财产安全及维护其合法权益，贯彻落实全面依法治国基本方略，根据《中华人民共和国刑法》《中华人民共和国刑事诉讼法》《中国共产党农村基层组织工作条例》以及《人民检察院检察建议工作规定》相关规定，本院特向你单位建议：

一、应当进一步提高政治站位，增强扫黑除恶责任感，要勇于担当，敢于碰硬，旗帜鲜明支持扫黑除恶工作，为政法机关依法办案和有关部门依法履职、深挖彻查"保护伞"排除阻力、提供有力保障。

二、要建立健全工作机制，加强社会综合治理工作。整合力量，形成各部门共同参与的矛盾纠纷调处工作体系，加强对重点人群的社会管理，做到早发现、早化解；要坚定理想信念，强化宗旨意识，从严从实管理部门人员。

三、加强法治宣传教育，推进依法治国基本方略，提高广大群众的法律意识和法治观念。

四、深化村民基层自治实践，制定完善村规民约，建立建全村务监督委员会，加强村级民主监督，推进乡村法治建设，提升乡村德治水平，建设平安乡村。

五、切实加强指导和规范村委会及村务监督委员会、村集体经济组织、群团组织和其他经济组织、社会组织，支持和保证这些组织依照国家法律法规以及各自章程履行职责。

请贵单位在收到本检察建议后，认真研判，并及时书面向本院反馈落实情况。

云南省普洱市思茅区人民检察院
2019 年 3 月 28 日

> 检察建议书亮点：加强村组干部思想政治和法治宣传教育。

江城哈尼族彝族自治县人民检察院
检察建议书

江检公诉建〔2019〕××号

江城县勐烈镇人民政府：

我院在办理勐烈镇江边村半坡小组小组长白某某、副小组长陶某某等8人故意毁坏财物、聚众扰乱社会秩序案的过程中，通过审查案件材料、走访相关人员，对案件进行了全面的剖析及调查研究，该案件的发生反映出勐烈镇人民政府在对基层组织的监督、管理，村组干部法制宣传、教育，日常工作管理存在以下问题：

一、对所辖村、小组干部思想政治教育不到位

半坡小组村干部理解政策能力不强，引领带头、执行上级决定不到位。村小组班子干部的思想政治状况如何，关系一个小组的经济发展和稳定，关系上级政策的宣传、贯彻、落实。从本案来看，发生的原因是村民认为土地流转不合法，侵害了村民的合法权益，在上访、诉讼被判决败诉后，对上访、诉讼结果不满，由半坡小组小组长、副小组长和村民选出的代表牵头实施违法犯罪行为，想以侵害第三方的合法权益来引起政府的重视，从而得到维护自己所谓的"合法利益"。2013年勐烈镇政府在半坡村民上访过程中，已经介入调查，本应引起重视，加强对小组长白某某和副小组长陶某某等人的思想教育，但未能正确的引导村民用合法的途径来维权。

二、基层政权薄弱，监督管理流于形式，起不到监管作用

本案从2013年的上访到刑事案件的发生，长达4年之久，村民对政府调查和调解处理结果及法院判决不予认可，无视国家政权和法律权威，你单位后续监督和管理跟进不到位，未全面履行监督管理职责。

三、法制宣传工作不全面

半坡村民法律意识淡薄、法制观念不强，对自身权益的维护缺乏正确的途径，对行为的违法性欠缺认识，你单位对下未能正确引导及开展法律宣传，矛

盾处理过程中法律政策解释不到位。

针对上述问题，为达到"办理一案，教育一方"的社会效果，杜绝此类案件的发生，本院现提出以下检察建议：

一、加强教育，提升辅政能力

加强思想道德教育，帮助村小组干部用正确的理论思想武装头脑，贯彻执行党的路线、方针、政策，协助政府带领群众发展生产、维护社会稳定。

二、加强基层政权建设，健全监督管理机制

重视制度建设，增强政府公信力和监督管理能力，以制度管人、以制度服人，对村小组干部的日常工作和人员的选任加强监督、管理。建立、建全村、组干部的选任管理办法，日常监督管理考核，建立村规民约，用村规民约约束村民的日常行为。严抓制度的落实，保证各项制度落到实处；强化对矛盾纠纷的排查和化解能力，充分落实我县"三五群众工作法"，正确引导村民寻求维护权益的合法途径，避免"信访不信法"。

三、加强法制宣传教育

加强村小组干部、村民对法律法规的学习，增强法制观念，做到知法、懂法、守法，敬畏法律。把村小组干部纳入乡镇干部普法和警示教育学习中，预防犯罪。深入村寨进行法制宣传教育，提升村民法律意识。

针对以上建议，请你单位认真研究，并将落实情况于收到本检察建议之日起两个月内，以书面形式告知我院。

江城哈尼族彝族自治县人民检察院
2019 年 3 月 28 日

> 检察建议书亮点：充分发挥基层党组织服务基层、服务群众战斗堡垒作用。

云南省普洱市景谷傣族彝族自治县人民检察院检察建议书

景检公诉建〔2019〕××号

景谷傣族彝族自治县永平镇人民政府：

我院在办理居住在景谷县永平镇芒费村民委员会小芒竜水库（笼江水库）旁的陈某某涉嫌敲诈勒索罪一案过程中，通过审查案件材料，走访相关人员，对案件全面剖析及调查研究，发现你单位对加强基层党组织的建设，维护基层政权对下监督、管理、法制宣传工作中存在以下几方面问题：

一、对基层组织干部思想政治教育、法律政策的宣传不到位。领导干部理解政策能力不强，村小组班子干部的思想政治状况如何，关系一个小组的经济发展和稳定，关系上级政策的宣传、贯彻、落实。从本案案发的原因分析：由于村委会、村民小组社委班子成员对政策、法律的宣传不到位，村民在自身的合法权益受到侵害时，不知道通过正常的渠道来维护自身的合法权益。陈某某公私不分，将其管理的水库视为自己的私有财产，私自实施在水库周围私搭乱建、随意开垦和种植农作物、擅自将水库承包给他人养鱼等影响到水库安全的行为。国家在对水库进行除险加固工作过程中，陈某某以占用着水库的土地、损坏道路、破坏到其种植的树木等为由向施工的老板索要高额费用，第一次索要成功后，陈某某以此为"生财之道"，一而再，再而三地实施了犯罪行为，无视政府无视国家法律。

二、基层政权薄弱，监督管理流于形式，起不到监管作用。永平镇芒费村小芒竜水库本属国家交集体管理使用的国家财产，作为村社一级组织就应该加强对水库的管理，权责分明。2008年以前村民小组对水库的管理权责分明，但后来由于村民不种植水稻，不再需要水库水，村民也不再交水库管理费给陈某某家。陈某某以其管理水库，但村民不交管理费为由，擅自将水库承包给他人养鱼。村民认为陈某某将水库承包给他人养鱼的承包费不交社上不合理，要求召开村民会议解决。作为村社领导怠于对水库实施管理，该召开村民会议不召开、该签订合同不签订，该解决的问题不解决，有多一事不如少一事，惹不起躲得起的思想，助长了陈某某长期在当地横行乡里称霸一方，无视政府、基层党组织的存在。陈某某的行为威胁了基层组织政权，在当地造成恶劣影响。你单位监督和管理强度不到位，未全面履行监督管理职责。

三、基层党组织服务基层、服务群众的意识不强。陈某某以水库周围都是她家开垦属于她家所有为由，侵占其他村民的土地、阻止其他村民耕作，村民向社上、村上反映，因迫于陈某某的淫威，村社委领导只知道将问题和矛盾上交，一级推一级，助长了陈某某的嚣张气焰。

针对上述问题，为达到"办理一案，教育一方"的社会效果，杜绝此类案件的发生，本院现提出以下检察建议：

一、加强党的基层组织建设。真正把村党组织打造成贯彻党的决定、团结动员群众、推动改革发展稳定的坚强战斗堡垒。特别是要严格规范村两委换届选举，建立两委人选"负面清单"和候选人联审机制，切实把好"入口关"、严防村霸、涉黑涉恶人员进入村两委班子。真正使思想过硬、作风过硬、能力过硬，能干事、敢干事、干实事、有公信力的人进入村社委领导班子。

二、加强教育，筑牢思想防线，提升责任意识。要加强思想道德教育，帮助村小组干部用正确的思想武装头脑，坚持正确的政治方向，树立正确的人生观、世界观、价值观，提高思想道德修养。

三、加强基层政权建设，健全监督管理机制。一要重视制度建设，增强政府公信力和监督管理能力，以制度管人、以制度服人，对村小组干部的日常工作管理和人员的选任加强监督、管理；二要重视制度的落实和执行，执行制度必须要领导带头，一级抓一级，层层抓落实，保证各项规章制度落到实处；三是强化对矛盾纠纷的化解能力，提升化解矛盾纠纷的能力和水平，将矛盾和问题化解在基层，化解在萌芽状态。

四、加强法制宣传教育。一要加强村小组及村民对法律的学习，增强法制观念，尽一切可能让村小组干部、村民接触法律、学习法律，做到知法、懂法，而后敬畏法律，让其远离犯罪。二要加强警示教育，通过对典型犯罪案件的通报分析，以案释法，以案警心，切实增强村小组干部、村民抵御犯罪的能力。

针对以上建议，请你单位认真研究，并将落实情况于收到本检察建议之日起15日，以书面形式告知我院。

景谷傣族彝族自治县人民检察院

2019年3月28日

检察建议书亮点：依法解决群众诉求，升村民法治意识。

云南省普洱市澜沧拉祜族自治县人民检察院检察建议书

澜检公诉建〔2019〕××号

中共澜沧县惠民镇党委、镇人民政府：

澜沧县公安局于2018年10月11日依法向本院移送审查起诉的被告人李某甲、蒋某某等12人恶势力团伙涉嫌聚众扰乱社会秩序、寻衅滋事、盗窃一案，经本院审查后已于2019年4月5日依法向澜沧县人民法院提起公诉。在审查逮捕、审查起诉过程中，发现案件反映出如下问题：

一、基层组织涣散。本案涉案的李某甲、蒋某某等12名被告人，其中蒋某某、李某乙、王某某、罗某某案发时均为村民小组长，上述被告人直接参与犯罪活动并带领村组群众聚众扰乱社会秩序、寻衅滋事，一定程度上反映出基层组织的涣散和正向作用的缺失，未能当好党和政府在基层的神经和触角。

二、社会综合治理存在漏洞。涉及农村、农民群体的民间纠纷风险预警防范措施滞后，未能提前介入，主动干预，有效管理，致使少数不法分子乘机利用群众对利益诉求不满、盲从且易被裹挟的特点，形成正常社会秩序之外的非法控制和约束秩序，横行乡里，称霸一方，严重扰乱了国家机关、企事业单位与基层组织的正常工作秩序，阻碍了政府的管理，弱化了基层组织政权，损害了党和政府的威信，在社会上造成了极其恶劣的影响。

三、政府及相关行政部门依法行政、担当负责及正面解决群众诉求的措施不到位。在付腊温泉的开发过程中，对招商引资政策法律宣讲不到位，对村民的相关诉求回应不及时，对于付腊村民多次诉求要求弄清楚付腊温泉开发的来龙去脉，相关政府管理部门未解答疑问、未出示相关土地、林权证书。

四、基层政权建设有待加强。被告人李某甲、蒋某某染指基层政权，意图操控村委会选举，达不到目的即实施砸选票箱、抢选票等破坏选举行为，以及将落选的李某乙重新推选为付腊村第四小组"小组长"并强抢公章，暴露出在村组干部的选任上管理缺失和把关不严的问题。

五、村民法律意识淡薄。法不责众思想严重，付腊村民聚众付腊温泉堵路、聚众驱逐柏联公司保安、聚众派出所闹事、破坏选举、强抢公章，对上述违法犯罪行为所要承担的严重法律后果不以为然，企图抱团抗拒执法。

为进一步加强源头防范治理，强化基层组织建设，深入推进我县扫黑除恶专项斗争工作，根据《人民检察院检察建议工作规定》第9条的规定，特提出如下检察建议：

一要提高政治站位，增强扫黑除恶责任感。党委政府要结合开展扫黑除恶专项斗争，认真排查矛盾纠纷和重大风险隐患，加强社会治理，依法打击影响社会和谐稳定的各种违法犯罪，营造安定有序的社会氛围。

二要加强组织建设。强化党建工作，提升党员党性修养，坚定理想信念，强化宗旨意识，从严从实管理党员。严格落实村组干部换届联审机制，把好选任关，把政治强、敢担当、有能力的干部放到领导岗位，及时清除害群之马，确保党的路线方针政策得到正确贯彻执行。

三要提高政府依法行政水平，加强政府信息公开工作的力度，加强政府工作人员担当负责教育、强化惩戒行政不作为的力度，人民群众的合理诉求要及时解决，避免人民群众的合理诉求因长期拖延得不到合理解决而采取极端手段维权。

四要加强政府招商引资政策法律的宣讲力度。政府及相关部门要正确引导企业和村民建立良性的村企关系，企业在就业、相关特色产业开发方面应结合脱贫攻坚工作，充分考虑带动付腊村民致富的引领作用，并处理好企业经营的短期利益和长远利益的关系。

五要加强法治宣传教育工作。结合"6.4"专案，以案释法，加强对党员干部、村民的法治宣传教育和社会主义核心价值观教育，增强村民的尊法学法守法用法意识。结合脱贫攻坚工作，抓好"自强、诚信、感恩"教育，让老百姓真心听党话、感党恩、跟党走。

云南省普洱市澜沧拉祜族自治县人民检察院
2019 年 4 月 5 日

> 检察建议书亮点：加大乡村流氓地痞排查整治力度，维护基层秩序。

云南省普洱市镇沅彝族哈尼族拉祜族自治县人民检察院检察建议书

镇检建〔2019〕××号

镇沅彝族哈尼族拉祜族自治县公安局：

　　2018年5月15日，你局以镇公（刑）诉字（2018）7号移送审查起诉的左某某故意伤害一案，本院在办案中发现，左某某2014年至2018年连续4年多次故意伤害他人，严重干扰、破坏村民正常的生产、生活秩序直至本案发生，导致左某某长期多次殴打他人的主要原因在于左某某为人处事蛮横、无理，且得不到及时控制和处理。

　　针对上述案件中遇到的问题，我院提出如下的检察建议：

　　一是加大开展治痞摸底排查力度，认真开展摸底排查工作。乡、镇派出所迅速成立走访、调查小组，对所管辖区范围的地痞、流氓横行乡里、随意殴打他人、强拿、强买、强卖、敲诈勒索等不法行为，应进行全面排查、跟踪摸底，全面形成台账记录。

　　二是加快及时打击惩治力度，严厉打击不法行为，保一方平安。对排查出来的不法分子，应及时根据情节，依法作出处理并随时跟踪动态，若达到刑事追诉标准，应立案侦查，实现做到快侦、快诉、快判，以达到惩治不法分子，保一方平安的目的。

　　三是加大宣传发动工作力度，形成家喻户晓整治局面，在全县范围，乡村街道，通过宣传标语、展板、资料、电视、微信等平台，认真开展宣传攻势氛围，形成横行乡里、随意殴打他人、强拿、强买、强卖、敲诈勒索等不法分子人人喊打的氛围。

　　根据《人民检察院检察建议工作规定》，为了有效、有力整治乡村治安，我院结合执法办案工作,特向你局提出检察建议,希望你局在收到检察建议后及时作出处理并将处理结果书面回复本院。

云南省普洱市镇沅彝族哈尼族拉祜族自治县人民检察院

2019 年 3 月 29 日

图书在版编目（CIP）数据

走向刚性的检察建议：普洱检察的思与行/李世清主编．—北京：中国检察出版社，2021.1
ISBN 978-7-5102-2549-9

Ⅰ.①走… Ⅱ.①李… Ⅲ.①检察机关-工作-研究-普洱 Ⅳ.①D926.32

中国版本图书馆 CIP 数据核字（2021）第 025936 号

走向刚性的检察建议：普洱检察的思与行

李世清　主编

出版发行：	中国检察出版社
社　　址：	北京市石景山区香山南路 109 号（100144）
网　　址：	中国检察出版社（www.zgjccbs.com）
编辑电话：	（010）86423709
发行电话：	（010）86423726　86423727　86423728
	（010）86423730　86423732
经　　销：	新华书店
印　　刷：	保定市中画美凯印刷有限公司
开　　本：	710 mm×960 mm　16 开
印　　张：	13.5
字　　数：	238 千字
版　　次：	2021 年 2 月第一版　2021 年 2 月第一次印刷
书　　号：	ISBN 978-7-5102-2549-9
定　　价：	52.00 元

检察版图书，版权所有，侵权必究
如遇图书印装质量问题本社负责调换